Architektur | Zentrum | Wien

Portraits österreichischer Architekten
Band 2
Herausgegeben vom Architektur Zentrum Wien

Portraits of Austrian Architects
Volume 2
Edited by the Architektur Zentrum Vienna

CARLO BAUMSCHLAGER
DIETMAR EBERLE

Liesbeth Waechter-Böhm (Hg.)
Mit einem Essay von Dietmar Steiner

Liesbeth Waechter-Böhm (ed.)
With an Essay by Dietmar Steiner

SpringerWienNewYork

Die Herausgabe des Buches wurde unterstützt von:
Geschäftsgruppe Stadtplanung der Stadt Wien
Geschäftsgruppe Kultur der Stadt Wien
Bundesministerium für Wissenschaft, Verkehr und Kunst
Kammer der Architekten und Ingenieurkonsulenten für Wien,
Niederösterreich und Burgenland

Gestaltung / Layout: A & H Haller
Cover: Holz-Altenried, Foto Eduard Hueber
Reproduktion und Offsetdruck: Druckhaus Grasl,
A-2540 Bad Vöslau
Gedruckt auf säurefreiem, chlorfrei gebleichtem Papier – TCF
Mit 35 Farb- und 272 Schwarzweißabbildungen

Übersetzungen ins Englische: Brainstorm, Sigrid Szabó, Scott Ritter

ISSN 0948-8685
ISBN 3-211-82725-0 Springer-Verlag Wien New York

Inhalt
>   Contents

Umbau Zumtobel München, Deutschland, 1990

Refurbishment Zumtobel Munich, Germany, 1990

ARCHITEKTUR VOM NULLPUNKT
ARCHITECTURE "FROM SCRATCH"

Dietmar Steiner

Es ist heute eindeutig und sonnenklar: Die Kultur der Architektur ist in viele parallele Erzählungen und Wertsysteme aufgesplittert. Wohlgemerkt, zunächst schon die „Kultur der Architektur", zu der wir jene Architekten zählen wollen, die akademisch trainiert, den historischen und zeitgenössischen Theorien zu folgen imstande sind, und die ihr Werk als künstlerische oder zumindest kreative Interpretation der Welt sehen wollen. Ihnen folgt die Welt der Medien, stilisiert die Stars und propagiert die Trends. Dieser dem Kunstmarkt ähnliche Mikrokosmos der Architektur (die mit dem großen „A") hat nur mehr marginale, bestenfalls theoretische Berührungspunkte mit der tatsächlichen Welt des Bauens. Er ist aber unter den heutigen „kulturindustriellen" Bedingungen enorm wichtig zum Fortbestand zumindest der Kultur der Architektur. Ohne Stars, ihre Autorität und deren gesellschaftliche und politische Anerkennung, wäre die Architektur nur mehr ein geduldetes Ornament des Baugewerbes und sonst nichts.

Diese Paradoxie – Realitätsverlust bei gleichzeitigem Bedeutungszuwachs – wollen zumindest jene Architekten, die sich in der realen Welt des alltäglichen Bauens befinden, häufig nicht anerkennen. Bewußtlos sind sie den dramatischen Prozessen der Marginalisierung des ganzen Berufsstandes unterworfen. Die ehemals omnipotenten Architekten finden sich heute auf der Bautafel unter zumindest einem guten Dutzend anderer, gleichberechtigter Planer und Projektsteuerer verewigt und wundern sich darüber, daß ihre so grundsätzlich funktionalen und strategischen Ideen als teure ornamentale Störung des Bauprozesses gesehen werden.

Eine derartige Polarisation ist nötig, um sich dem Problem nähern zu können, ob das, was Baumschlager & Eberle machen, „Architektur" oder „Bauen" ist. Eine Frage, welche die beiden auch selbst häufig in Gesprächen immer leicht ironisch oder gar zynisch ansprechen. Für eine endgültige Akzeptanz im Ring der Architektur mit dem großen „A" fehlen zunächst die Texte und Selbstreflexionen von Baumschlager & Eberle, es gibt kaum authentische Manifeste und Willenserklärungen zur Architektur und Gesellschaft der Zukunft. Selbst simple Baubeschreibungen, die über eine technische Notation hinausgehen, sind Baumschlager & Eberle nur mit Erpressung herauszulocken.

Today it is obvious: The culture of architecture has been divided into numerous parallel narrations and value systems. Mind you, this concerns primarily the "culture of architecture" to which we count those architects who have been academically trained, who can follow historical and contemporary theories and who regard their work as an artistic or at least creative interpretation of the world. What follows is the world of media, which stylises the stars and propagates the trends. This microcosm of architecture (architecture with a capital "A") so similar to the art market only has marginal, at most theoretical links to the actual world of building. In view of today's "cultural-industrial" conditions, however, it is key to the survival of at least the culture of architecture. Without stars, their authority as well as social and political appreciation, architecture would be no more than a tolerated ornament of the construction industry.

This paradox – out of touch with reality but at the same time growing in significance – is what at least the architects who work in the real world of daily construction often refuse to acknowledge. They are unknowingly subjected to the dramatic processes of their own profession's marginalisation. Today, the formerly omnipotent architects find themselves immortalised in a list of at least a good dozen other equally ranked planners and project managers on the sign at the construction site and wonder why their basically functional and strategic ideas are regarded as expensive ornamental disturbances of the construction process.

Such polarisation is necessary so that the question whether Baumschlager & Eberle are making "architecture" or "building" can be posed. A problem both often refer to slightly ironically or even cynically in discussions. For ultimate acceptance in the circle of architecture with a capital "A", we lack the texts and self-reflections of Baumschlager & Eberle. There are hardly any authentic manifests and declarations of intent on future architecture and society. Baumschlager & Eberle must even be coerced to provide anything more than technical notations such as simple building descriptions.

Wo also ist die Arbeit, das bisherige Werk von Baumschlager & Eberle dann einzuordnen? Nehmen wir einmal an, daß die Welt der Architektur mit dem großen „A" ihnen ziemlich egal ist. Kann sie auch sein, denn es ist nicht ihre Welt. Baumschlager & Eberle gehören eindeutig zur Welt des Bauens, zur Welt des Realisierens und Verwertens. Diese allerdings bearbeiten sie mit einer Grundsätzlichkeit, die letztlich eine innere Utopie offenbart, daß einmal in ferner Zeit die Architektur sich wieder mit der Welt des allgemeinen Bauens verbindet.

Man kann davon ausgehen, daß Baumschlager & Eberle (fast) jeden Auftrag mit einem exakt zwischen Architektur und Bauen liegenden Berufsverständnis beginnen. Ihr Ziel ist zunächst „nur" ein in jeder Hinsicht optimiertes Produkt. Für den Einsatz eines bestimmten Baustoffes, für die Wahl einer bestimmten Konstruktion, für die Entwicklung einer bestimmten Form – immer scheint die Devise zu gelten: Ist es die beste, auch ökonomisch optimalste Lösung? In der Beantwortung dieser Frage haben Baumschlager & Eberle eine seltene Virtuosität erlangt. Sie berühren dabei einerseits die materiellen Grundlagen der Architektur – Entscheidungen fallen nicht aufgrund der Apperzeption einer bestimmten Wirkung –, und sie spielen sich dadurch andererseits frei, indem sie unkonventionelle Lösungen in den Bauprozeß einfließen lassen. Als Ergebnis stehen oft formale Verwandtschaften zu zeitgleichen Entwicklungen – an anderen Orten von anderen Architekten –, sie haben aber immer ihre Logik in einer gebauten Argumentierbarkeit. Nichts geschieht bei der Architektur von Baumschlager & Eberle um ihrer selbst willen. Womit sie letztlich womöglich in einer Tradition stehen, die ihre regionalen Wurzeln hat.

Was sind Vorarlberger Baukünstler?

Baumschlager & Eberle wurden in den fünfziger Jahren in Vorarlberg geboren, haben in den siebziger Jahren in Wien studiert und sind dann nach Vorarlberg zurückgekehrt, um hier zu bauen. Dieses Schicksal führte sie zu jener Gruppe ausgebildeter, aber nicht befugter Architekten, die in den achtziger Jahren die sich selbst so bezeichnenden „Vorarlberger Baukünstler" bildeten: Carlo Baumschlager, Dietmar Eberle, Roland Gnaiger, Walter K. Holzmüller, Wolfgang Juen, Markus Koch, Helmut Kuess, Sture Larsen, Norbert Mittersteiner, Hans Purin, Wolfgang Ritsch, Bruno Spagolla, Reinhold Strieder, Walter Unterrainer, Rudolf und Siegfried Wäger.

Where should the work that Baumschlager & Eberle have carried out to date be classified? Let us assume that the world of architecture with a capital "A" is of no importance whatsoever to them. This may be so since it is not their world. Baumschlager & Eberle definitely belong to the world of building, to the world of realisation and utilisation. They go at it with such thoroughness, revealing an inner utopia that in a distant future architecture will again link with the world of building in general. We can presume that Baumschlager & Eberle begin (almost) all jobs with a professional attitude that lies precisely between architecture and actual construction.

The aim, for starters, is "only" an all-round optimal product. The use of a certain building material, choosing a certain construction, developing a certain form – the following question of principle always applies: Is it the best and economically most optimal solution? In answering this question Baumschlager & Eberle have acquired rare virtuosity. On the one hand, they touch on the material rudiments of architecture, – decisions are not made because of the apperception of a certain effect – on the other hand, they become free by allowing unconventional solutions to flow into the building process. This often results in formal links to concurring developments – at other places with other architects – but they always have their logic well founded in some construed argumentability. Nothing happens in the architecture of Baumschlager & Eberle for its own sake. Thus in the end they probably stand in a tradition with regional roots.

What are Vorarlberger Baukünstler?

Baumschlager & Eberle were born in the fifties in Vorarlberg, studied in Vienna in the seventies and then returned to Vorarlberg to begin building. This road led them to the group of trained but unauthorised architects which had formed in the eighties and called itself "Vorarlberger Baukünstler"[1]: Carlo Baumschlager, Dietmar Eberle, Roland Gnaiger, Walter K. Holzmüller, Wolfgang Juen, Markus Koch, Helmut Kuess, Sture Larsen, Norbert Mittersteiner, Hans Purin, Wolfgang Ritsch, Bruno Spagolla, Reinhold Strieder, Walter Unterrainer, Rudolf, and Siegfried Wäger.

Ihren plakativen Zusammenhalt bildete der gemeinsame Feind, die Kammer der Architekten, welche die Ausübung des Berufes des Architekten an die Mitgliedschaft nach vorhergehender Praxisprüfung bindet. Die Vorarlberger Baukünstler aber wollten nur bauen, was sie nachweislich auch ohne Kammer-Prüfung konnten, und sahen nicht ein, daß sie dafür eigens bei einer Institution Mitglieder werden sollten.

Die Verfolgung der Vorarlberger Baukünstler durch die österreichische Architektenkammer in den achtziger Jahren war eine ebenso legendäre wie amüsante Episode, blieb aber ohne wirkliches Ergebnis. Man arrangierte sich typisch österreichisch. Einige, wie Baumschlager & Eberle, wurden Kammermitglieder, andere nicht, blieben aber trotzdem in Hinkunft unbehelligt.

Wichtigstes Ergebnis dieser Auseinandersetzung der freien Vorarlberger Baukünstler gegen die „geprüften Architekten", war die dabei stattgefundene innere Solidarisierung. Bauherren wurden von den Baukünstlern freundschaftlich an Kollegen weiterempfohlen, technische Details und Erfahrungen ausgetauscht. Dieser Austausch verstärkte die regionale Identität der Architektur. Deren Wurzeln liegen, wie praktisch alle Kommentatoren des Vorarlberger Phänomens feststellen, in der Schule Roland Rainers an der Wiener Akademie der bildenden Künste. Sein rationales Credo des einfachen Bauens fiel schon in den sechziger Jahren auf den fruchtbaren Boden der alemannischen Rationalität dieses Landes. Purin, Wratzfeld, die Gruppe C 4 (Fohn, Pfanner, Sillaber, Wengler), repräsentierten die erste Generation. Purins Siedlung Halde in Bludenz symbolisierte gleichsam die vollendete Mitte zwischen Rainers Lehre und den gleichzeitigen Schweizer Entwicklungen. Ganz wesentlich waren in dieser Zeit aber die Arbeiten von Rudolf Wäger. Sein ebenso logisches wie unkonventionelles „Würfelhaus" aus der Mitte der sechziger Jahre war eine Ikone des neuen Holzbaus, und die Siedlung in Schlins ein Musterbeispiel für ökonomisches, flächensparendes Bauen. Noch dazu ist Rudolf Wäger gelernter Zimmermann und wurde dadurch auch bautechnisch zum Lehrmeister der folgenden Generation. Wäger und Purin vor allem hatten damals auch schon neue Bauherren für die neue Architektur erobert. Für diese neuen Bauherren wurden einfache Häuser entwickelt, meist aus Holz, die hohen Wohnkomfort bei gleichzeitiger Absenz regionalistischer Motive und Dekorationen mit ökonomischen und leistbaren Herstellungskosten verbanden.

Their alliance resulted from a common enemy, the Chamber of Architects, which obliges architects to become members after a practical examination if they wish to practise their profession. The Vorarlberger Baukünstler wished to carry out projects that clearly could be built without the Chamber examination, and for this reason they did not understand why they should become members of an institution.

The Chamber of Architects' pursuit of the Vorarlberger Baukünstler was legendary as well as amusing but never actually had any real impact. A typically Austrian arrangement was found. Some of the architects, such as Baumschlager & Eberle, became members of the Chamber of Architects. Others did not but were left undisturbed by the authorities.

The most significant result of this encounter between the free Vorarlberger Baukünstler and the "chartered architects" was the inner solidarity that evolved. Building masters were amicably recommended to other "building artists", technical details and experiences were passed on. This exchange strengthened the regional identity of the architects. Practically all commentators of the Vorarlberger phenomenon affirm that their roots lie in the school of Roland Rainer at the Vienna Academy of Fine Arts. In the sixties the group's rational creed of simple building had already found ready acceptance due to the Germanic rationality that prevails in this country. Purin, Wratzfeld, the Gruppe C 4 (Fohn, Pfanner, Sillaber, Wengler), – represented the first generation. Purin's project "Siedlung Halde" in Bludenz symbolised both the sublime middle road between Rainer's teachings and the Swiss developments of the same time. The work of Rudolf Wäger, however, was of vital importance during this period. His both logical and unconventional "Würfelbau"[2] in the mid-sixties was an icon for the new trend to building with wood, and the housing project in Schlins was a perfect example of economic, small-surface building. Moreover, Rudolf Wäger is an apprenticed carpenter and thus also became the master of civil engineering for the following generations. Especially Wäger and Purin had won new building masters for this new architecture. For these new building masters simple houses were developed, in most cases of wood, which combined a high level of living comfort with an absence of regionalistic motives and decoration and economic and affordable production costs.

Auf diesen gesellschaftlichen, kulturellen, architektonischen und bautechnischen Vorleistungen konnte die nächste Generation aufbauen, die in den späten siebziger Jahren vom Studium in den Städten des Ostens, Wien und Graz, nach Vorarlberg zurückkam. Angereichert mit den neuen Ideen, die in der Folge der weltweiten Studentenbewegungen entstanden: Ökologie und Partizipation. Das wichtigste Signal in dieser Zeit setzte das Projekt der Siedlung „Im Fang". Entwickelt in Wien, auch als Studienprojekt, von den damals noch-Studenten Dietmar Eberle (TU Wien), Markus Koch (Akademie der bildenden Künste, Meisterschule Gustav Peichl), Wolfgang Juen (Akademie der bildenden Künste, Meisterschule Roland Rainer) und vor Ort in Vorarlberg von Norbert Mittersteiner. Diese Gruppe nannte sich „Cooperative" und baute das erste Projekt nach den neuen Grundsätzen für eine Gruppe von Leuten, die möglichst kostengünstig und möglichst sozial verträglich miteinander wohnen wollten. Dazu gab es vorab ein überlegtes Finanzierungskonzept, dann ein möglichst einfaches Konstruktions- und Bausystem mit einem hohen Selbstbau-Anteil. So war auch das von der ersten Generation mühsam verteidigte Flachdach kein Dogma mehr. Die letztlich doch architektonische Gestalt der Siedlung „Im Fang" mutete mehr wie eine adaptierte Version von Charles Moores „Sea-Ranch" in Kalifornien an, und auch der „Whole-Earth-Catalogue" der amerikanischen Hippie-Bewegung kann als Einfluß nicht verleugnet werden.

Gebaut war die Siedlung natürlich eine Provokation nach beiden Seiten. Ihre Form war nicht „ortsüblich", noch dazu war die Wohngruppe damals „sozial bedenklich", wie kurioserweise der beurteilende Bausachverständige (!) feststellte. Diese Siedlung – und viele weitere Bauten der „Cooperative" – provozierte aber auch die erste Generation der Pioniere in Vorarlberg, weil sie die Kriterien der bautechnischen Gediegenheit und Dauerhaftigkeit zugunsten eines umfassenden Ökonomie- und Zeitbegriffs verriet. Die Devise war: Wir bauen am Beginn möglichst billig, das hält den finanziellen Aufwand für die Bewohner am Anfang niedrig, dafür können sie später immer noch technische Verbesserungen anbringen. Eine architekturideologische Haltung, die auch die weiteren Projekte der „Cooperative" Ende der siebziger und Anfang der achtziger Jahre prägte.

In den folgenden achtziger Jahren beginnt sich die neue Generation zu etablieren, und es gibt zunächst ein ziemliches Durcheinander bei den Vorarlberger

The next generation, which in the late seventies returned to the cities of the east, Vienna and Graz, and to Vorarlberg after finishing their studies, was able to build on these social, cultural, architectural and constructional foundations. Enriched with new ideas resulting from the world-wide student movements: ecology and participation. The most important signal of this time was set by the housing project "Im Fang". This project was developed in Vienna as a study project by the students Dietmar Eberle (Technical University of Vienna), Markus Koch (Academy of Fine Arts, Gustav Peichl School), Wolfgang Juen (Academy of Fine Arts, Roland Rainer School), and at the site of construction in Vorarlberg by Norbert Mittersteiner. The group called itself "Cooperative" and built the first project according to the new principles for a group of people that wanted to live together while spending as little as possible and building as socially-minded as possible. This precluded a well-devised financing concept, the simplest possible construction and building system with a large part to be built by the group itself. The flat roof which had been advocated with such trouble by the first generation was no longer a dogma. In the end, the architectural form of the project "Im Fang" bears resemblance to an adapted version of Charles Moore's "Sea Ranch" in California, and also an influence from the "Whole Earth Catalogue" of the American hippie movement cannot be denied.

Naturally, as soon as it was completed the housing project was a provocation for both sides. Its form was not "customary" for the location and strangely enough the project was described as "socially problematic" by the construction expert (!). This project – and many other projects of the "Cooperative" – also provoked the first generation of pioneers in Vorarlberg since it replaced the criteria for constructional soundness and durability with a comprehensive concept of economy and time. The motto was: We build cheaply in the first building phase, this keeps costs low for the inhabitants at the beginning. Later on they can, if they choose to, carry out technical improvements. This was an architectural ideology that the "Cooperative" continued to pursue with projects in the late seventies and early eighties.

Later on in the eighties a new generation begins to establish itself, and in the initial phase there is quite some confusion among the Vorarlberger Baukünstler.

Baukünstlern. Die „Architektur" hält Einzug in das einfache Bauen. Roland Gnaiger, Bruno Spagolla, Wolfgang Ritsch, Walter Holzmüller und andere bauen neue Häuser mit nun neuem kulturellen, architektonischen Anspruch. Purin versucht sich mit regionalistischen Formen, Rudolf Wäger wird kurzzeitig postmodern, die „Cooperative" zerfällt und Dietmar Eberle findet in Carlo Baumschlager einen für die neuen Verhältnisse nun kongenialen Partner.

Ab Mitte der achtziger Jahre, nach dem symbolisch alle vereinigenden Kampf gegen die Kammer, verläßt die neue „Vorarlberger Bauschule" ihren Status des pubertären Widerstands und wird sozusagen offizielle Landesarchitektur. Ausstellungen und Publikationen bereiten das Feld der Aufmerksamkeit, die Politiker glauben eine „landestypische" neue Kultur des Bauens entdeckt zu haben, und auch für die großen öffentlichen und privaten Bauträger sind die „Baukünstler" nun salonfähig geworden. Ab dieser Zeit gibt es keine kollektive Bewegung mehr, sondern Einzelkarrieren auf der Grundlage gemeinsamer Erfahrungen.

Wie sie sich fanden, soll ein Geheimnis bleiben, aber die 1984 beginnende Bürogemeinschaft von Carlo Baumschlager und Dietmar Eberle ergab eine seltene Synergie von Talenten. Baumschlager hatte in seiner Zeit des Studiums an der Wiener Hochschule für angewandte Kunst in Wien alle Möglichkeiten der Konfrontation mit den damals dort lehrenden „Meistern" genutzt: Hollein, Holzbauer, Ungers. Das war wahrscheinlich der „kulturelle Kick", der Dietmar Eberle erlaubte, die „alternative" Referenz der Bauten der „Cooperative" nun mit Carlo Baumschlager in einer neuen architektonischen Dimension zu definieren. Man könnte dies auch als eine notwendige Entwicklung der kulturellen Codes bezeichnen.

Der allgemeine Durchbruch ist geschafft, die Generationsablöse ist vollzogen, und Baumschlager & Eberle werden die Shooting-Stars der neuen Situation. Sie nehmen die Gelegenheit wahr, ihre Position durch Gastdozenturen an der ETH Zürich und der Syracuse University in New York auch international zu überprüfen. Und sie nehmen die Herausforderung offensiv an, ihre grundsätzlichen architektonischen Haltungen an großen und komplexen Bauvorhaben anzuwenden. Bürobauten, große Wohnanlagen mit Bauträgern, Industriebauten, Schulbauten werden erfolgreich realisiert, und selbst die an sich architektenfeindlichste Bauaufgabe, ein Stadthotel in Dornbirn, wird zu einem herausragenden Musterbeispiel des Bauens für den Tourismus.

"Architecture" makes its entry into simple construction. Roland Gnaiger, Bruno Spagolla, Wolfgang Ritsch, Walter Holzmüller, and others build new houses with new cultural, architectural pretensions. Purin tries his hand at regionalistic forms, Rudolf Wäger becomes post-modern for a short period, the "Cooperative" dissolves, and in this new context Dietmar Eberle finds a congenial partner in Carlo Baumschlager.

As of the mid-eighties, after the symbolic struggle that united everyone against the Chamber of Architects, the new "Vorarlberger Bauschule" sheds its status of pubescent resistance and in a way becomes the official provincial architecture. Exhibitions and publications attract attention, politicians believe they have discovered a new culture of building "typical of the province", and the "building artists" become acceptable even to the large public and private construction firms. From this point onwards there is no longer a collective movement but rather individual careers built on common experience.

How they found each other shall remain a secret, but the cooperation between Carlo Baumschlager and Dietmar Eberle began in 1984 and led to a rare synergy of talents. Baumschlager had used all the opportunities of confrontation during his studies with the "masters" teaching at the Vienna University of Applied Arts: Hollein, Holzbauer, Ungers. This was probably the "cultural kick" that allowed Dietmar Eberle to define the "alternative" reference of buildings of the "Cooperative" with Carlo Baumschlager in a new architectural dimension. This can also be understood as a necessary development of the cultural code.

The general breakthrough has been a success, one generation has replaced another and Baumschlager & Eberle become the shooting stars of the new situation. They take the opportunity to reexamine their position on an international level with their appointment as guest lecturers at the ETH Zurich and the Syracuse University in New York. Taking the offensive, they meet this new challenge of applying their basic architectural approach on large and complex building projects. Office buildings, large apartment buildings in cooperation with construction firms, industrial buildings, and school buildings are a success. Even a task that in itself is so inimical to architecture, a city hotel in Dornbirn turns out to be an outstanding example of building for tourism.

Noch immer aber hält sich der Mythos, daß in Vorarlberg selbst außergewöhnliche architektonische Leistungen nicht über die Aura des Künstlerarchitekten erreicht und verwirklicht werden, sondern einzig und allein als Mehrwert einer über die Ökonomie der eingesetzten Mittel argumentierten Lösung entstehen können. So wird besonders Dietmar Eberle nachgesagt, daß er mit Bauherren nie explizit über Architektur spricht, sondern die architektonisch bessere Lösung immer als die ökonomische günstigere Lösung argumentiert. Womit wir beim Bauen als Dienstleistung gelandet sind, das vordergründig keine Ansprüche der Selbstverwirklichung stellt, sondern im Sinne eines programmatischen Realismus die tatsächlichen Bedürfnisse optimal befriedigt.

Bauen in der Agglomeration

Mit der hier skizzierten Geschichte der Vorarlberger Baukünstler ist das besondere berufliche Umfeld der Entwicklung von Baumschlager & Eberle dargestellt worden. Ganz wesentlich für die Definition und Position ihrer Architektur ist aber auch das lokale und regionale Umfeld. Viele behaupten, dieses Umfeld und seine architektonische Interpretation entsprechen dem „kritischen Regionalismus", wie er von Kenneth Frampton definiert wurde: lokale, soziale und kulturelle Traditionen aufzunehmen und mit den zeitgenössischen Mitteln einer entwickelten und aufgeklärten Moderne in neue Lösungen zu transformieren. Das würde bedeuten, daß die architektonische Kultur eine Form von begründbarem Widerstand aufrechterhalten könnte. Diese Definition von Kenneth Frampton wurde Ende der achtziger Jahre von Alexander Tzonis und Liane Lefaivre mit der Position des „kritischen Realismus" korrigiert, die das „Lokale" der Traditionen stärker in die international ähnlichen „äußeren Bedingungen" der Architekturproduktion mit der Referenz alltäglicher Nutzbauten eingebunden sahen. Beide Positionen sind allerdings von Erklärungsmustern der Interpretation architektonischer Werke bestimmt. Es ist eine Bestimmung „nach" dem Werk, die nach Erklärungen sucht.

Demgegenüber haben ganz besonders Baumschlager & Eberle die Produktionsbedingungen der Architektur „vor" dem Werk thematisiert. Ich habe diese Zugangsform zur Architektur einmal als „programmatischen Realismus" bezeichnet. Was nichts anderes bedeutet, als die Akzeptanz der ökonomischen und logistischen Randbedingungen einer Bauaufgabe, um mit diesem „Material" neue programmatische architektonische Lösungen zu

The myth, however, still prevails that in Vorarlberg even outstanding architectural achievements are not accomplished and realised with the aura of the architect as an artist but result as an added value from a solution based on the economical aspect of the means used. It is said especially of Dietmar Eberle that he never explicitly speaks of architecture with the building master but always argues the architecturally more favourable solution as the more economical one. This leads us to building as a service, which on the surface does not strive for self-realisation but rather, in the sense of programmatic realism, satisfies the immediate needs optimally.

Building in the agglomeration

This short sketch of the Vorarlberger Baukünstlers' history illustrates the professional aspects of the development of Baumschlager & Eberle. The local and regional environment is also essential for defining and positioning their architecture. Many purport that this environment and its architectural interpretations express "critical regionalism" as defined by Kenneth Frampton: local, social and cultural traditions are taken and transformed into new solutions with the contemporary means of developed and enlightened modernism. This would mean that architectural culture could maintain a form of justifiable resistance. Kenneth Frampton's definition was corrected by Alexander Tzonis and Liane Lefaivre with their "critical realism" in the late eighties, which affirms that the "local" aspect of tradition is more tightly linked with the internationally similar "outer conditions" of architectural production regarding everyday utility buildings. Both positions are determined by the explanatory patterns of the interpretation of architectural projects. The definition "after" the project has been completed needs to be explained.

By way of contrast, Baumschlager & Eberle have picked up on the topic of production conditions in architecture "before" the project has been completed. I once described this approach to architecture as "programmatic realism". This is merely the acceptance of the marginal economical and logistical conditions of a building project in order to develop new programmatic architectural solutions with this "material". You could also describe it as cunning, resistant architectural research under the conditions of actual feasibility, as "dealing with the existent". Obviously, this region offers a special range of opportunities for this.

entwickeln. Man könnte es auch als listige, wider-
ständige architektonische Forschung unter den
Bedingungen der tatsächlichen Realisierbarkeit
bezeichnen, als „Dealen mit dem Vorhandenen".
Dafür bietet diese Region wohl ein besonderes
Feld der Möglichkeiten.

Vorarlbergs hauptsächliches Besiedlungsgebiet ist
das Rheindelta am Beginn des Bodensees, das die
Ostschweiz und Süddeutschland umfaßt, und ist eine
jener typischen europäischen Zonen der dichten
Agglomeration oder Dispersion, wo, ganz allgemein
gesagt, die Landschaft von Häusern gebildet wird.
Ganz Vorarlberg muß als eine Stadt gesehen werden,
geteilt in Bezirke. Es gibt den Bereich des „Unter-
landes", von Feldkirch abwärts ins Rheindelta zum
Bodensee, den Bregenzerwald und das „Oberland",
von Feldkirch aufwärts nach Bludenz Richtung Alpen.

Aus diesen landschaftlichen und topografischen
Bedingungen entstand eine seltsame quasi-urbane
Mischung mit einer eigenartigen Faszination. Man
kann unterschiedlichste territoriale Topoi dicht
nebeneinander imaginieren: Als wäre Aspen nicht
in Colorado, sondern gleich neben Los Angeles,
die niederländische Randstadt in den Pyrenäen
oder das Ruhrgebiet an der Adria. Die zersiedelte
Agglomeration, die eigentliche Stadt neuen Typs
auf der einen Seite, und die hochspezialisierte,
attraktive Tourismusregion auf der anderen Seite.
In Vorarlberg heißen sie Rheindelta und Arlberg.
Doch noch ein drittes Element kommt hier dazu.
Das ist der Bregenzerwald, traditionsreich und
selbstbewußt, mit einer der wohl heute noch kon-
sequentesten und am starrköpfigsten beharrenden
Kultur des alltäglichen Bauens in Europa.

Diese drei Elemente – Agglomeration, Tourismus,
Märchenwald – bilden jenes einzigartige kulturelle
Biotop, das die Grundlage darstellt für die kulturelle
und architektonische Position von Baumschlager &
Eberle. Die Wurzeln und Tradition des Märchenwaldes
sind eine standfeste Grundlage der Konvention des
Bauens an sich. Der Tourismus fordert Schnelligkeit
und Effizienz, und die öffentlichen und privaten
Aufgaben der Agglomeration fordern Ökonomie und
Listigkeit, eben einen programmatischen Realismus.

Ich möchte nun behaupten, daß sich nicht nur die
gesellschaftliche Herausforderung für Architektur in
einer Region wie Vorarlberg grundsätzlich von dichten
urbanen, zentralen Gebieten unterscheidet. Die
weitläufig verstreute „Stadt Vorarlberg" funktioniert
weit weniger bürokratisch als eine richtige Stadt

The main area of settlement in Vorarlberg is the
Rhine delta where Lake Constance begins.
Encompassing eastern Switzerland and southern
Germany, this is one of those typical European zones
showing dense agglomeration or dispersion, where
the landscape is more or less filled with houses. All
of Vorarlberg must be seen as a city partitioned into
districts. You have the "Unterland", from Feldkirch
down to the Rhine delta to Lake Constance, the
Bregenzerwald[3] and the "Oberland", from Feldkirch
up to Bludenz towards the Alps.

Out of these geographical and topographical
conditions came a strange would-be-urban blend
exercising a unique fascination. It is hard to imagine
different territorial topoi packed next to each other:
as if Aspen were not in Colorado but right next to
Los Angeles, the Dutch Randstadt in the Pyrenees
or the Ruhr on the Adriatic coast. The sprawling
agglomeration, the actual new-type city on the one
side and the highly specialised, attractive tourist
region on the other. In Vorarlberg these are called
the Rhine delta and Arlberg. But there is a third
element as well. The Bregenzerwald, rich in tradition
and self-confidence, with the most resolute and
obstinate culture of everyday building in Europe.

These three elements – agglomeration, tourism,
fairytale woods – form this unique cultural biotope,
the basis for the cultural and architectural position
of Baumschlager & Eberle. The roots and tradition
of the fairytale woods are a sound foundation for
the convention of building as such. Tourism demands
speed and efficiency, and the public and private
tasks of agglomeration demand economy and
cunning, meaning programmatic realism.

I would like to assert that not only the social
challenge architecture must meet in a region like
Vorarlberg is basically different from that of dense
urban central areas. The broadly spread "City of
Vorarlberg" is much less bureaucratic than a similarly
sized city. The fragmentation into small village and
city autonomies supports a very direct decision-
making and social structure. As it seems, everything
about building can still become personal.

In addition, we have the way architects see
themselves as problem solvers in a service society.
Common sense, economy and a solution that
satisfies all those involved are the topics of
discussion. Architecture is only rarely discussed.
Architecture merely evolves because it is more
reasonable and economical.

gleicher Größe. Die Zersplitterung in kleine Dorf-
und Stadtautonomien unterstützt eine sehr direkte
Entscheidungs- und Sozialstruktur. Alles rund um
das Bauen, so scheint es, ist noch personalisierbar.

Dazu kommt ein Selbstverständnis der Architekten,
das sich in erster Linie als Problemlöser in einer
Dienstleistungsgesellschaft versteht. Vernunft,
Ökonomie und die alle Beteiligten befriedigende
Lösung der Aufgabe sind die Diskussionspunkte.
Über Architektur wird dabei selten gesprochen.
Sie entsteht ganz einfach, weil sie vernünftiger
und ökonomischer ist.

Eine geradezu typische Arbeit auf dieser regionalen
Grundlage ist die Entwicklung eines Prototyps für
mehrgeschossigen Wohnbau durch Baumschlager
& Eberle. Es ist ein kompakter Block mit zentraler
Erschließung, der mindestens vier Wohnungen
pro Geschoß erlaubt. Diese sind aber relativ frei
unterteilbar, und auch die „Karosserie"-Fassaden –
Verkleidung, Ausstattung – können unter Beibehaltung der systematisierten Konstruktion den jeweiligen
Bedürfnissen und Vorstellungen angepaßt werden.
Das System dieses Wohnblocks ist weitgehend frei
von konstruktiven und materiellen Festlegungen.
Unter dem Gesichtspunkt der Agglomeration ist
dieser freistehende Block hier in großer Zahl
einsetzbar. Dazu kommt die konstruktive Tradition
des Märchenwaldes, die keine Scheu vor standardi-
sierten, konstruktiv und architektonisch optimierten
Lösungen hat. Und unter dem Begriff des Tourismus
sollen jene Erwartungshaltungen subsummiert
werden, die für bestimmte Standards bestimmte
Erscheinungsformen verlangen.

Baumschlager & Eberle haben diesen Wohnbautyp
inzwischen für verschiedene Bauträger und für
verschiedene soziale Standards verwirklicht. Jeweils
unter Beibehaltung der inhaltlichen, konzeptiven
Grundstruktur, aber in unterschiedlicher materieller
Ausstattung. Insgesamt ein sehr eindrücklicher
Beweis für eine architektonische Forschung und
Optimierung, welche konkrete und leistbare
Antworten für das Wohnen in der Agglomeration
sucht; darüber hinaus aber auch ein signifikantes
Beispiel für die architektonische Haltung von
Baumschlager & Eberle, die sich nicht in singulären
formalen Positionen erschöpft, sondern den
Fortschritt der Baukultur insgesamt in einer
„Produktentwicklung" sieht.

A truly typical project of this regional context is the
development of a prototype for a many-storied
apartment building by Baumschlager & Eberle. It is a
compact block with the entrance at the centre
allowing at least four apartments per floor. These can
be divided at one's own discretion. Also the "body" –
facades, panelling, equipment – can be adjusted to
any needs and ideas while maintaining the
systematised construction. The system of this
apartment block has to a large extent not pre-
determined construction and material. As seen from
the point of view of agglomeration, many such
detached blocks could be built here. Then we have
the constructive tradition of the fairytale woods,
which does not shy away from using standardised,
constructive and architecturally optimised solutions.
And the term tourism serves to subsume the
expectations which demand certain outward
appearances for certain standards.

Baumschlager & Eberle have designed this type of
apartment building for several construction firms and
for different social standards. Adhering to the basic
structure of substance and concept but using the
appropriate material for each case. All in all, this is
expressive proof for architectural research and
optimisation, which searches for concrete and
affordable answers for living in agglomerations. It is
also a significant example for Baumschlager &
Eberle's architectural approach, which is not
restricted to any singular formal position but sees
progress in the culture of building within the context
of "product development".

Architecture as resource management

Let me return to the special position of
Baumschlager & Eberle in the discussion of
architecture on an international level that I
mentioned at the beginning. In the meantime
their work is to be found in numerous renowned
international magazines. Gradually, they are moving
away from niche success in participation, apartment
buildings, wooden buildings and economic building
towards the innovative elite of architecture with the
capital "A". They are still not represented at any
biennial, triennial, or "Any"-conference or in any
other architectural super conferences that decide the
global standard of architecture. Neither have they
turned into building tycoons that offer any building
master a simple quick and cheap solution, although
their everyday building volume has significantly
increased on a regional level.

Architektur als Ressourcen-Management

Ich komme zurück zur eingangs erwähnten Sonderstellung von Baumschlager & Eberle im internationalen Architekturdiskurs. Man findet ihre Werke
inzwischen in vielen renommierten internationalen
Magazinen. Langsam rücken sie aus den Nischen-
erfolgen der Partizipation, des Wohnbaus, des
Holzbaues und des kostengünstigen Bauens vor in
die innovative Elite der Architektur mit dem großen
„A". Noch finden wir sie bei keiner Biennale, Triennale,
keiner „Any"-Konferenz und keiner der sonstigen den
Weltstandard der Architektur bestimmenden architektonischen Überbau-Konferenzen. Sie sind aber
auch andererseits keine Bau-Tycoons, die jedem
Bauherrn eine anspruchslos schnelle und kosten-
günstige Lösung liefern, obwohl ihr alltägliches Bau-
volumen im regionalen Umkreis inzwischen beträcht-
lich ist, so daß allein deshalb schon Baumschlager &
Eberle inzwischen eine Sonderstellung nicht nur im
Umfeld der Diskussionsrunde der „Vorarlberger
Baukünstler" eingeräumt werden muß.

Dieser Erfolg beruht auf einer Leistung, die weit über
die Qualität des einzelnen architektonischen Produkts
hinausgeht. Baumschlager & Eberle sind konsequent
damit beschäftigt, das überkommene Berufsbild des
Architekten völlig neu und radikal für unsere Zeit zu
definieren. Das ist ihre epochale Leistung, die weit
über die Grenzen ihres Wirkungsbereiches und die
qualitative Manifestation ihrer realiserten Bauten
hinausgeht.

Baumschlager & Eberle sind kein Atelier, kein Studio,
sie sind vielmehr eine Firma, ein intelligentes,
innovatives neues Unternehmen. Sie liefern dem
Kunden, dem Bauherrn, nicht in erster Linie eine
individuelle kreative Interpretation der Aufgabe,
sondern eine kostenoptimierte Lösung. Daß sie dabei
nicht auf die eigene architektonische Forschungs-
tätigkeit vergessen, an jeder Aufgabe neue
Möglichkeiten zu erproben, unterscheidet sie
grundsätzlich von den Architekten, die nur deshalb
viel bauen, weil sie bewußtlos die Forderungen der
Bauherren oder der Bauindustrie erfüllen.

Es geht Baumschlager & Eberle nicht um den
zufälligen Erfolg, durch singuläre baukünstlerisch
gelungene Zufallstreffer auf einmal „entdeckt" zu
werden. Sie sind und bleiben dem Bauen und der
Realisierbarkeit, ja auch der Finanzierbarkeit verpflichtet. Dafür haben sie schon sehr früh in der
Alltagspraxis ihrer „Firma" mit der digitalen Erfassung
aller relevanten Baudaten begonnen und sind heute

For this reason alone Baumschlager & Eberle must
be given a special position not only in the discussion
round on "Vorarlberger Baukünstler". Their success is
based on achievements that go far beyond the
quality of the individual architectural product.
Baumschlager & Eberle are steadfastly creating a
new and radical definition of the obsolete
professional image of architects for our age. This is
their epochal feat, which lies far beyond their field of
activity and the qualitative manifestation of the
building projects they have carried out.

Baumschlager & Eberle are neither a studio, nor an
atelier. They are a company, an intelligent, innovative
new enterprise. They provide the customer, the
building master not with an individual creative
interpretation of the task, but with low-cost solutions.
The fact that they do not neglect their own
architectural research activities and test new
possibilities with every project they are commissioned
makes them fundamentally different from the
architects who only build so as to unwittingly fulfil the
demands of the building master or the construction
industry.

Baumschlager & Eberle are not aiming at the
accidental success of being "discovered" thanks
to some singular artistic lucky shot. They remain
committed to building and its realisability and
affordability. For this purpose they have begun to
digitally record all the relevant building data gathered
in the course of everyday work in their "firm". Today,
they are logistically capable of providing a building
master with the draft design and the final price of an
object in a flash by using the building/price/detail/
database.

Thus, they have radically interfered with the obsolete
logistics system of building projects, and they have
raised the issue of an "Architecture from scratch".
An understanding of the profession which is to be
the role model for the practical work of all future
architects. The architect as a resource manager
who teaches the others involved in the building
process to be more economical and to better use
the material means. Only if the architect redefines
his role in today's building process and learns from
the developments in other industrial production
processes will the profession acquire the new
substance and relevance that is vital for its survival.

logistisch in der Lage, in kurzer Zeit einem Bauherrn unter Zuhilfenahme ihrer Bau-Preis-Detail-Datenbank den Vorentwurf zu liefern und den Endpreis des Gebäudes anzugeben.

So greifen sie sehr radikal in die überkommene Logistik des Bauprozesses ein und thematisieren somit die Frage nach einer „Architektur vom Nullpunkt" – ein Berufsverständnis, das eigentlich Vorbild sein sollte für die Praxis jedweder zukünftigen Architektur: der Architekt als Ressourcen-Manager, der die anderen am Bauprozeß Beteiligten lehrt, die materiellen Mittel besser und sparsamer einzusetzen. Nur wenn der Architekt in diesem Sinne seine Rolle im heutigen Bauprozeß völlig neu definiert und aus den Entwicklungen anderer industrieller Produktions- prozesse lernt, kann der Berufsstand an sich letztlich jene neue Substanz und Relevanz bekommen, die sein Überleben garantiert.

Baumschlager & Eberle sind offensichtlich nicht angetreten, der Welt eine Antwort auf die Frage „was ist Architektur" zu liefern. Die Welt, und diesen Anspruch strapaziere ich bewußt und schamlos, kann vielmehr von den Forschungen und Bauten von Baumschlager & Eberle lernen, „wie man Architektur macht". Mit dieser letztlich doch theoretischen und experimentellen Grundlage ist ihr Werk, um an den Anfang dieser Geschichte zurückzukehren, eine Architektur mit dem großen „A", ohne daß dieser autopoetische Diskurs das heute schon bemerken würde, und es ist reines Bauen als Dienstleistung, ohne daß den Auftraggeber die tatsächliche archi- tektonische Avantgarde des Produkts verstören würde.

Baumschlager & Eberle sind also schlußendlich dazu verdammt, mit dieser geradezu dramatischen Paradoxie zu leben und zu arbeiten. Die mediatisierte Welt der architektonischen Oberfläche ist strukturell nicht in der Lage, den eigentlichen und inhaltlichen „Wert" eines Projekts zu vermitteln, und die durch das perfekt optimierte Produkt befriedigten Nutzer und Auftraggeber sind nicht in der Lage, die darüber hinausgehende „Bedeutung" zu erkennen. Womit wir zum Schluß doch wieder beim klassischen Schicksal jeder avancierten Architektur der Moderne gelandet wären, einen grundlegenden gesellschaftlichen Konflikt im Werk selbst architektonisch zu thematisieren und künstlerisch abzuleiten.
Die Architektur von Baumschlager & Eberle ist dafür ein besonders seltenes, grundsätzliches und einzigartiges Beispiel.

Baumschlager & Eberle obviously do not intend to provide the world with an answer to the question "what is architecture?" The world, and I am intentionally and shamelessly overtaxing this claim, can learn "how to make architecture" from the research and buildings of Baumschlager & Eberle. With this basically theoretical and experimental foundation, their work, so as to return to the beginning of the story, is architecture with a capital "A", which the auto-poetic discourse has not yet noticed. It is pure building as a service, without disturbing the one commissioning the project because of the product's actual architectural avant- garde aspect.

Baumschlager & Eberle are thus condemned to live and work with this outright dramatic paradox. The mediatised world of architectural surface is structurally incapable of mediating the actual and substantial "value" of a project, and the users and commissioners who have been gratified with the perfectly executed product are incapable of recognising its greater "significance". Thus we again end with the classical fate of all advanced architecture of modernism – we must suffer as artists and discuss a basic social conflict inherent to the project. The architecture of Baumschlager & Eberle is a particularly rare, basic and unique example thereof.

1 Literally the "building artists of Vorarlberg"

2 Literally "cubical building"

3 Alpine forest region in Vorarlberg, Austria

BAUKUNST, PRAGMATIK UND VERANTWORTUNG
Carlo Baumschlager und Dietmar Eberle im Gespräch mit Liesbeth Waechter-Böhm

THE ART OF BUILDING, PRAGMATICS, AND RESPONSIBILITY
Carlo Baumschlager und Dietmar Eberle in conversation with Liesbeth Waechter-Böhm

Sie haben ein beneidenswert umfangreiches Werk vorzuweisen. Wenn man es aber im Hinblick auf die Vielfalt der bearbeiteten Aufgaben betrachtet – Sie haben ja wirklich vom Bürohaus und dem Industriebau über Schulen und Kindergärten bis hin zu Gemeindesälen, Pfarrhöfen und sogar einem Hotel sehr unterschiedliche Bauten realisieren können –, dann kommt man trotzdem nicht darum herum, auch die hervorragende Rolle zu bemerken, die der Wohnbau offenbar für Sie spielt. Und zwar Wohnbau in allen seinen Facetten – Sie haben viele individuelle Einfamilienhäuser geplant, darunter einige, bei denen auch der Selbstbau ein Thema war; Sie haben für private Eigentümergemeinschaften kleine Siedlungen im verdichteten Flachbau gebaut; und in den letzten zehn Jahren arbeiten Sie mehr und mehr auch für große Bauträger und auf dem Sektor Geschoß-wohnungsbau.

Eberle: Für uns stellt der Wohnbau einfach den direkten Zugang zur Architektur dar. Uns ist die Realität immer viel spannender erschienen als das theoretische Gebäude der Architektur. Darin sehe ich einen der Gründe, warum wir uns so direkt und unmittelbar dem Wohnbau zugewandt haben. Jeder von uns hat in seiner Anfangszeit Häuser handwerklich selbst gebaut. Wenn Sie sich die Biographien von Vorarlberger Architekten anschauen, werden Sie feststellen, daß bei jedem einer der ersten Bauten ein Einfamilienhaus war – für einen Bekannten, einen Verwandten oder für sich selbst. In Vorarlberg ist das durch die gesellschaftlichen Rahmenbedingungen der direkteste und einfachste Zugang zur Architektur.

Baumschlager: Wir sind von der Hochschule gekommen, den Kopf voll mit all den Theorie-diskussionen, die es damals gab, und wir hatten eigentlich nur eines im Sinn: selbst etwas zu bauen. Dabei haben wir eine ganz unterschiedliche Ausbildung – Eberle war an der Technischen Universität, ich war an der Akademie der bildenden

You have an enviable body of work to show for yourselves. When one looks back at the variety of projects you have completed – office buildings, industrial buildings, as well as schools, kindergartens, community and parish halls, even a hotel – despite this wide range of projects one cannot avoid noticing the special role that housing plays for you; housing in all it's different facets. – You have planned several detached family houses, whereby some were planned with the theme that the client could do most of the work himself. You have designed small social housing for co-op groups; and in the last 10 years you have begun to work more for large developers and designed larger apartment buildings.

Eberle: For us, housing was the most direct access to architecture. The reality of architecture has always been more interesting to us than the theoretical architectural construction. In this I see one of the reasons why we immediately and directly turned to the problem of housing. Each of us had early experience building houses. If you look at the biographies of architects from Vorarlberg you will see that for each one, one of their first buildings was a detached family house – either for a friend, relative, or for themselves. These social frameworks provide the simplest and most direct access to architecture in Vorarlberg.

Baumschlager: We completed our education with our heads full of all the theoretical discussions of the time, and we really only had one thing in mind – to build something. Even though we had very different educations – Eberle attended the Technical University, while I attended the Academy of Fine Arts – the immediate result following our education was the same.

Künste –, aber das unmittelbare Ergebnis nach dem Studium war trotzdem dasselbe: Wir wollten einfach etwas machen. Denn wir hatten zwar viel an Theorie gelernt – die Postmoderne war gerade ein Thema, auch die ersten Ansätze des Dekonstruktivismus zeichneten sich schon ab –, diese Theorie ist uns aber nie sehr nahe gegangen, weil die Frage nach der Praxis ausgeklammert war. Es wurde nie gesagt, wie man etwas macht, wieviel es kostet, wer letztlich dafür verantwortlich ist. Wenn man unter solchen Umständen studiert, dann ist man irgendwie ausgehungert, dann möchte man endlich etwas machen, statt nur darüber zu reden. Daher haben wir gleich nach dem Studium angefangen, selbst zu bauen. Keiner von uns hat zuerst in einem Büro gearbeitet und sich mit irgendwelchen Teilaufgaben beschäftigt. Wir wollten selbst etwas machen, und man muß dazu sagen, daß es auch etwas zu machen gab. Es gab ein bestimmtes Marktsegment, das von den herkömmlichen Architekten nicht bedient wurde: Das waren Leute in unserem Alter – zum Beispiel Lehrer oder Sozialarbeiter – mit sehr wenig Geld, die aber von ihrer Zeitstruktur her die Möglichkeit hatten, selbst etwas zu machen, und die außerdem bereit waren, sich auf ein Experiment einzulassen. Solche Bauherren hatten damals eigentlich keinen Ansprechpartner, der bereit gewesen wäre, ein Projekt zu entwickeln, das nicht nur kostengünstig, sondern auch mit einem hohen Anteil an Eigenleistung zu realisieren war. Und diese speziellen Rahmenbedingungen in Vorarlberg haben uns den Einstieg in die Architektur ermöglicht.

Diese spezifische Entwicklung Ihrer beruflichen Praxis hat doch bestimmt ziemlich tiefgreifende Auswirkungen auf die Art und Weise gehabt, wie Sie an ein Projekt herangegangen sind, wie Sie vielleicht heute noch an ein Projekt herangehen. Sie selbst haben die Frage der Kosten und den Selbstbau-Anteil erwähnt. Wahrscheinlich sollte man auch das Stichwort Mitbestimmung nennen. Jedenfalls müssen die Konsequenzen, die sich aus solchen Aufgabenstellungen, aus einem solchen Einstieg in die architektonische Praxis für die eigene Entwurfshaltung und die Arbeitsmethode ergeben, sehr komplex sein.

Baumschlager: Unsere Arbeitsmethode ist ganz leicht zu beschreiben, denn sie basiert auf dem Dialog: Dem Dialog in jeder Form – zwischen uns als Entwerfern, mit den Mitarbeitern im Büro, mit den Firmen, mit den Behörden und mit den Bauherren. Natürlich läuft der Entwurfsprozeß selbst ganz traditionell ab, im Kopf, auf dem Papier, aber es

We simply wanted to do something. We learned a lot about the theories of the time, when Postmodernism was a major theme, as well as the first attempts of Deconstructivism. This theory was never very close to us, because it did not address the question of practice. Nobody talked about how something was made, how much it cost, and lastly where the responsibility lay. When you study under these conditions you develop a great desire to do something instead of talking about it. Therefore we immediately started to build for ourselves. Neither of us started by working in an office, working on only parts of projects. We wanted to do something for ourselves, and one must say that there was plenty to do. There was one market segment that architects at that time did not serve, and those were people of our age – for example teachers or social workers – with little money, but with the time to do things by themselves, and the willingness to experiment. Such clients at that time had nobody to talk to about developing a project that did not cost much, and could be realized to a large degree by themselves. It was this specific situation in Vorarlberg that made our entry into the field of architecture possible.

This specific development in your professional practise must have had profound effects on the way you approached a project, and perhaps on how you approach a project today. You yourself have mentioned the question of cost and do-it-yourself building. Probably the phrase "collective decision-making" should be applied. At any rate, such project goals, as well as entering into the practice of architecture for your own design approach and method have very complex consequences.

Baumschlager: Our way of working is very easy to describe because it is based on dialog. On dialog in every form: Between us and the people in our office, with the firms with which we work, with the authorities, and with the client. Of course, the design process runs in the traditional way – in the head, on paper, etc., but it practically never happens that one of us draws something which we simply make without question. We verbalize everything, and all problems are discussed.

kommt praktisch nicht vor, daß einer von uns etwas hinzeichnet, das dann einfach unhinterfragt gemacht wird. Wir verbalisieren alles, alle Probleme werden diskutiert. Das hängt zum Teil auch mit der Auffassung zusammen, daß wir uns immer beide für alles verantwortlich fühlen, was wir machen. Deswegen muß über alles geredet werden und jedem von uns muß die ganze, die vollständige Information zur Verfügung stehen. Das ist sicher eine Entwurfs-haltung, die man auf keiner Hochschule lernt, die lehrt einen nur die Praxis.

Eberle: Wenn Sie für jemanden bauen, der sehr wenig Geld hat und viel selbst macht, dann sind Sie automatisch gezwungen, alles zu verbalisieren und zu argumentieren, was Sie planen. Ein solcher Bauherr will ganz genau wissen, warum Sie bestimmte Maßnahmen vorschlagen und was ihn diese Maßnahmen kosten. Dieses Thema ist in einer solchen Zusammenarbeit einfach latent da, und der Architekt muß sich daher sehr genau überlegen, welche Vorschläge er macht. Alle diese frühen Häuser, die kleinen Wohnanlagen für Eigentümer-gemeinschaften wurden in einem ständigen Dialog mit den Bauherren realisiert. Und daraus hat sich eine ganz andere Entwurfshaltung entwickelt als die klassische, die sehr theoretisch ist. Üblicherweise gibt es den Architekten, der entwirft, und es gibt die, die den Entwurf ausführen – und dazwischen klafft es ziemlich kraß auseinander. Von daher rührt auch der Vorwurf, daß die Architekten nicht wissen, was etwas kostet. Dieser Vorwurf resultiert aus dem nicht-passierenden Dialog bzw. aus dem Verhalten, das Architekten an den Tag legen, wenn sie sich so ganz abgehoben nur als Entwerfer verstehen.

Baumschlager: Wir haben unseren Beruf immer als Zusammenarbeit gesehen. Erstens bin ich fest davon überzeugt, daß man gemeinsam stärker ist, und zweitens kommt man viel schneller zu einem sinnvollen Ergebnis, wenn man die Möglichkeit hat, Probleme auf einer sehr nüchternen Ebene zu artikulieren und zu diskutieren. Diese Frage stellen übrigens alle Besucher unseres Büros zuallererst: Wie wir es schaffen, gemeinsam etwas zu machen. Dabei ist das ganz einfach, es liegt am Training, am Training im Dialog und daran, wie man miteinander umgeht. Das hat sich im Lauf der Zeit immer weiter entwickelt. Und heute reicht es eigentlich schon, wenn einer von uns beiden ein langes Gesicht macht, daß ein Problem noch einmal diskutiert wird, daß wir noch einmal von vorne anfangen. Der Dialog ist die Methode, wie wir arbeiten, alles andere ergibt sich daraus: Unser Verständnis für Ökonomie, für diese

This is partially because we share the view that we are both responsible for everything we make. Therefore we must discuss everything, and each of us must have a complete grasp on all the information involved in the completion of a project. This is certainly not a design approach you learn in school, you can only learn this in practice.

Eberle: When you build for someone who does not have a lot of money and wants to do a lot of work himself, you are forced to discuss and make arguments for what you plan. Such a client wants to know exactly why you make certain suggestions, and what they cost. This is an underlying theme in such collaborations, and the architect must very carefully consider which suggestions to make. All the early houses, the social housing co-ops were built in constant dialog with the clients. Thus you develop a very different design approach from the classical approach, which is very theoretical. Normally there is an architect who designs, and people who build – between the two is a huge gap. This is the origin of the accusation that architects don't know what things cost. These accusations result from insufficient dialog, or the behavior of the architect who often does not have both feet on the ground because of his self-importance in his role as "designer".

Baumschlager: We have always seen our profession as a collaboration. First of all, I am convinced that you are stronger together, and second two can reach well thought out results quicker than one. And when you have this possibility you can articulate and discuss problems on a very exact, realistic level. The first question people ask when they visit our office is: How are you able to make things together? Actually it's very simple, it has to do with training, training in having a dialog, and how you get along with each other. This has continued to develop over time. Today it is enough when one of us makes a long face to take up a problem again, and start from the beginning. Dialog is the method with which we work, everything else comes from this: our understanding of economy, of the border line questions of ecology, etc.. Another quality of our office, which many clients appreciate, is that we can push through our designs in the political domain, in the zoning commissions, and with the mayors. You can only do this when you can verbalize and communicate the themes you are using.

Bei den folgenden Wohnbauprojekten handelt es sich um den Versuch, einen in vielfacher Hinsicht optimierten Wohnhaustyp zu entwickeln. Er ist äußerst kompakt und damit ökonomisch; durch den niedrigen Energieverbrauch entspricht er den heutigen ökologischen Kriterien; er zeichnet sich durch hohe soziale Akzeptanz aus, weil er überschaubare Nachbarschaften schafft; und er eignet sich in städtebaulicher Hinsicht ganz besonders für die durchlässige Bebauungsstruktur in Vorarlberg. Bei diesem Typ liegt die Erschließung jeweils in der Mitte, darum herum sind die Eingangszonen und Nebenräume – Küche, Bad, WC – fix angeordnet, während die Zimmer so flexibel wie möglich sind. Diese neutrale Grundrißlösung drückt sich auch in der strengen Fassadengeometrie aus, wobei die Fassaden in formaler Hinsicht aber immer den spezifischen lokalen Kontext thematisieren.

The following building developments are an attempt to develop a housing project that provides numerous optimal features. This type of apartment building is extremely compact and thus economical; thanks to its low energy consumption it meets contemporary ecological criteria; it is well accepted by the inhabitants because it creates overseeable neighborhoods; and from an urban point of view it has proven ideal for the permeable building structure in Vorarlberg. The development is located at the center surrounded by well arranged entrance zones and adjoining rooms – kitchen, bathroom, WC – while the rooms have been arranged as flexible as possible. This neutral floor plan solution is also expressed in the facade geometry, the facade formally reflecting the specific local context.

Wohnanlage Rohrbach, Dornbirn
Housing project Rohrbach, Dornbirn
1991

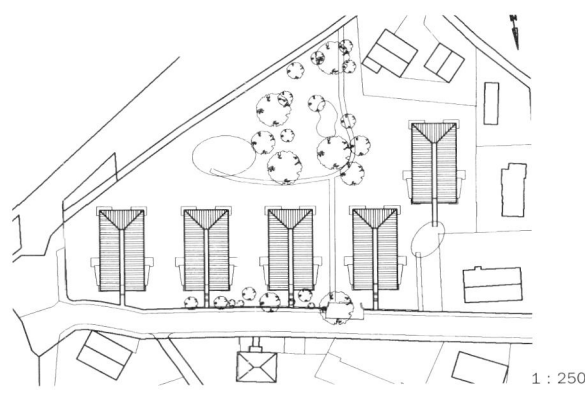

1 : 2500

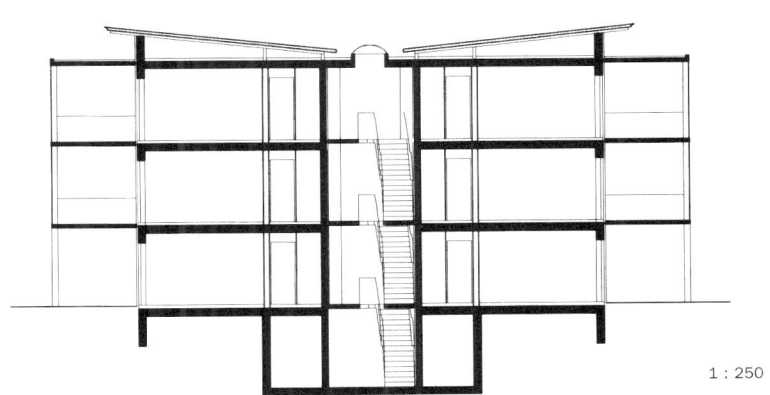

1 : 250

Städtebaulicher Kontext: In einer vorstädtischen, aber gutbürgerlichen Situation, auf dem Parkgelände einer alten Villa – dieses Motiv nimmt die villenartige Bebauung auf –, das im Süden an eine Eisenbahnlinie grenzt.
Fassade: Eine klassische Putzfassade in gelb und grün, die das Fassadenmotiv der bestehenden Villa aufnimmt und auf den Parkcharakter des Areals reagiert.

Urban context: In a suburban but solid middle-class location, on the park premises of an old villa – the motive integrates the villa-like style – adjacent to railway tracks.
Facade: A classical roughcast facade in yellow and green, which reflects the facade motif of the existing villa and reacts to the park character of the estate.

1 KÜCHEN	COOKING
2 ESSEN	DINING
3 WOHNEN	LIVING
4 ZIMMER	ROOM
5 BAD	BATHROOM
6 WC	LAVATORY
7 VORRAUM	HALL
8 ABSTELLRAUM	STOREROOM
9 TERRASSE	PATIO
10 LUFTRAUM	OPEN SPACE

EG 1 : 250

ganzen Randfragen wie Ökologie etc., aber auch jene Qualität unseres Büros, die viele Bauherren schätzen, daß wir unsere Entwürfe in den politischen Gremien, bei den Bauausschüssen, bei den Bürgermeistern durchsetzen können. Das kann man nur, wenn man mit denen reden kann, wenn man die Themen, die man verwendet, verbalisieren kann. Mit irgend-welchen abgehoben-philosophischen, rein theo-retischen Argumenten, die niemand nachvollziehen und verstehen kann, erreicht man das nicht.

Was Sie beschreiben, läßt auf einen sehr intensiven, auch zeitintensiven und langwierigen Prozeß schließen, wie Sie zu einem Ergebnis kommen. Das stimmt irgendwie nicht mit der Quantität Ihres gebauten Werks überein. Das heißt, es muß noch eine weitere Facette Ihrer Methodik geben, die es Ihnen ermöglicht, auch quantitativ sehr effizient zu arbeiten.

Baumschlager: Die Möglichkeit, im Gespräch zu einer Entscheidung zu kommen, ist nach meiner Erfahrung viel einfacher und rationeller als die gängigen Methoden, bei denen man sich viel leichter verirrt, erst später merkt, wenn etwas falsch ist und dann von vorne anfangen muß. Diesen Weg ersparen wir uns. Wir reden zwar lange, aber wenn wir einmal eine Entscheidung getroffen haben, dann ist die Fehlerquote sehr gering. Das ist unsere Qualität im Sinne von Quantität – wir können sehr viel bewältigen, weil wir einfach schneller zu einem Ergebnis kommen.

Es muß auch noch andere Qualitäten in der Organisation Ihres Büros geben, sonst könnten Sie dieses Arbeitspensum mit einer so relativ kleinen Mannschaft doch niemals schaffen. Soviel ich weiß, haben Sie früh begonnen, EDV sehr effizient einzusetzen.

Eberle: Das Handwerkszeug ist natürlich wichtig. Und wir waren immer sehr offen gegenüber dem richtigen Handwerkszeug, das man verwenden muß, wenn man Architektur macht und schnell sein will, wenn man die Dinge rational betreiben will. Da ist immer das adäquateste Handwerkszeug gerade gut genug. Wir haben nie darüber philosophiert, ob man Einschränkungen in Kauf nehmen muß, wenn man Computer verwendet, ob die Kreativität darunter leidet etc. Diese unsinnigen Diskussionen haben wir nicht geführt. Ein Computer ist etwas sehr Rationales und damit entspricht er ganz unserer Haltung, weil ja auch unsere Entwurfsphilosophie rational und pragmatisch ist. Man muß sich einfach klar machen,

You can't do this with some overblown philosophy or pure theoretical argument that nobody can understand or follow.

What you describe indicates an intensive and lengthy process of how you reach a result. In some way this does not match the quantity of works you have completed. This means there must be more facets to your method of working which make it possible to work very efficiently.

Baumschlager: My experience has shown me that it is simpler and more rational to come to a decision through discussion than it is with the "normal" method in which one becomes lost more easily, and only later notices a mistake, and thus must start over again. We avoid these kinds of mistakes. Although we discuss things for a long time, once we have arrived at a decision, the amount of mistakes we make is quite low. This is our quality in terms of quantity of output – we can manage many things simply because we produce results more quickly.

There must also be other qualities in the organization of your office, otherwise you could never manage the work load with such a relatively small staff. As far as I know you began using computers efficiently at quite an early stage.

Eberle: Tools are of course important. We have always been very open towards using the right tools when it comes to architecture, and doing so quickly and in the most rational manner. Then, the most adequate tool is just good enough. We have never philosophized over whether creativity suffers because of the computer, etc. We have never taken part in these senseless discussions. The computer is somehow very rational, and our design philosophy is rational and programmatic. It must be clarified here, that what comes out of a computer is directly related to what the person sitting behind it puts into it. When you first become aware of this fact you realize that the path between input and output, is much shorter. In this way the feasibility of many things is accelerated, and you very quickly reach a standard which can be raised to a level independent of who sits behind it. We look at it very pragmatically. The computer is a tool, the most sufficient and contemporary tool available for architects.

Wettbewerb Wohnanlage Bregenz
Housing project competition Bregenz
1994

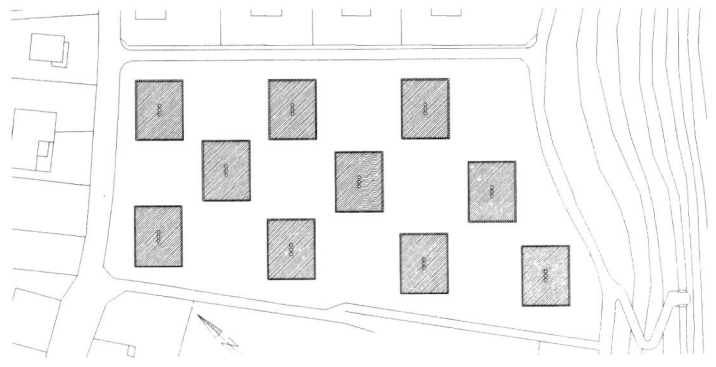

1 : 2500

ANSICHT NORDWEST
VIEW NORTHWEST

Städtebaulicher Kontext: Am Fuß einer Geländekante, in einem weit-
läufigen Grünraum, der sich durch die örtliche Siedlungsstruktur
hindurch zieht und dem die flächige Bebauung der Anlage Rechnung
trägt.
Fassade: Ein Versuch, die Abstraktion und Weitläufigkeit des Grün-
raums in die Fassadenlösung – es handelt sich um Betonfertigteile
– zu übertragen, wobei die Dimensionierung der offenen bzw.
geschlossenen Flächen jeweils von der Himmelsrichtung abhängt.

Urban context: At the foot of an elevation in a wide, open green area
that characterises the local settlement structure and justifies the flat
building style of the project.
Facade: An attempt to translate the abstraction and spaciousness of
the green area into the facade – made of prefabricated concrete
parts – the dimensions of the open or closed surfaces always being
dependent on the orientation.

1	KOCHEN	COOKING
2	ESSEN	DINING
3	WOHNEN	LIVING
4	ZIMMER	ROOM
5	BAD	BATHROOM
6	WC	LAVATORY
7	VORRAUM	HALL
8	VERANDA	PATIO
9	FAHRRADRAUM	BICYCLE DEPOT
10	KINDERWAGEN	PRAM DEPOT
11	TROCKENRAUM	DRYING ROOM

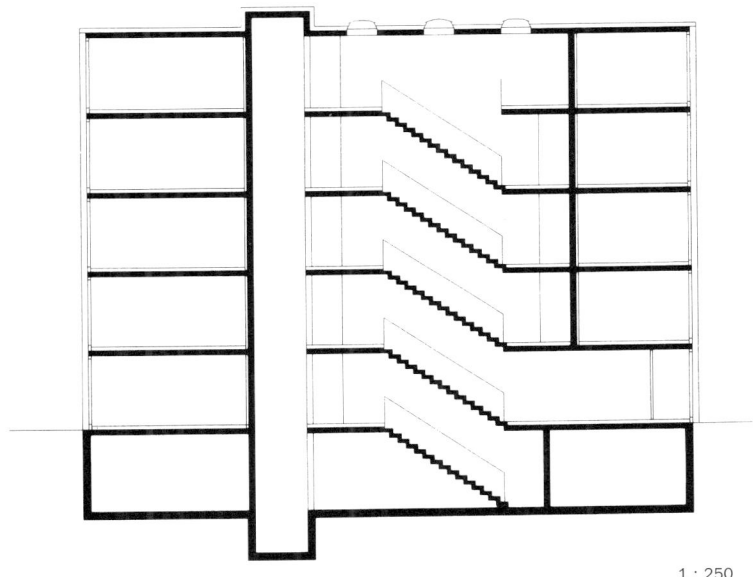

1 : 250

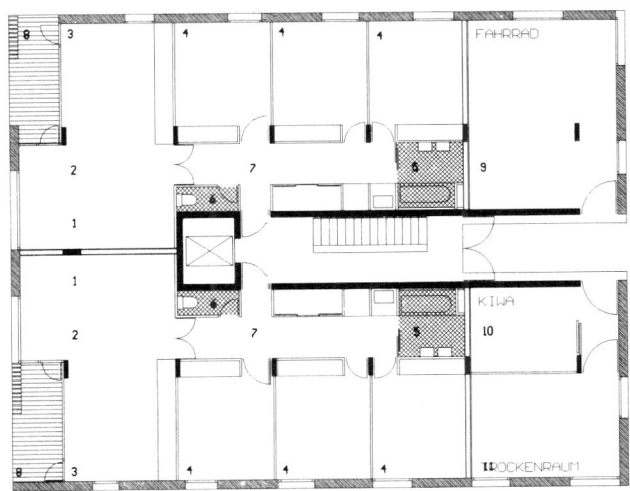

EG 1 : 250

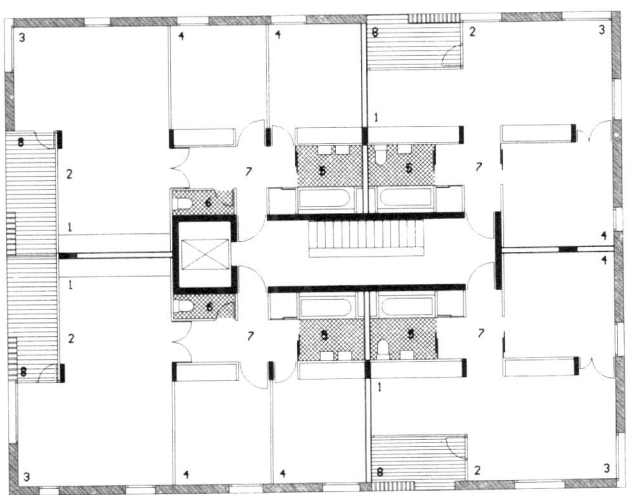

OG 1 : 250

daß aus dem Computer nur das herauskommen kann, was derjenige, der davor sitzt, eingegeben hat. Wenn man sich das erst einmal bewußt gemacht hat, dann erkennt man ganz schnell, daß die Wegstrecke, die dazwischen liegt – zwischen dem Eingeben und dem Ergebnis – sehr viel kürzer ist, daß die Machbarkeit vieler Dinge auf diese Weise beschleunigt wird, und daß man sehr schnell einen Standard erreicht, der sich auf ein Niveau anheben läßt, das unabhängig davon ist, wer nun vor dem Computer sitzt. Wir sehen das ganz pragmatisch, EDV ist ein Werkzeug, das zeitgemäßeste und adäquateste Werkzeug, das es für einen Architekten gibt.

Baumschlager: Der Einsatz von EDV ist aber nicht nur sinnvoll, weil sich damit der Planungsprozeß beschleunigen läßt. Eine der Hauptschwierigkeiten bei der Vermittlung einer Planung besteht doch darin, daß Architekten mit ihren Plänen eine abstrakte Sprache sprechen, die für den Laien oft nur sehr schwer kommunizierbar ist. Dieses Problem unseres Berufsstandes läßt sich mit dem Computer weitgehend lösen: Ich kann dreidimensionale Bilder zeichnen, man könnte Filme machen, Animations-zeichnungen – und die wirklich guten, großen Büros, die heute international präsent sind, die arbeiten nur noch so. Besonders wenn es um große Projekte geht, dann wird es doch immer schwieriger, etwas durch-zusetzen. Da muß man sich einfach jedes Mittels bedienen, das zur Verfügung steht, um die Dinge zu veranschaulichen. Mit einem 6B und irgendwelchen Sizzen kommt man da heute nicht weiter.

Ihnen hat der frühe Einsatz der EDV im Lauf der Jahre zu einer recht ansehnlichen Bibliothek an Details verholfen, die Sie bei Ihren Bauten zwar modifiziert, aber doch immer wieder verwenden. Und das trägt Ihnen zumindest bei Ihren Kollegen hier im Land manchmal auch eine gewisse Kritik ein.

Baumschlager: Dazu haben wir ein ganz einfaches Verhältnis. Nicht jedes Detail, das wir zeichnen, muß eine Sensation sein. Wir glauben eher daran, daß man Details, die ihre Richtigkeit bewiesen haben, so lange verwenden kann bis sich herausstellt, daß es etwas Besseres und Sinnvolleres gibt. Das ist eigentlich das einzige Argument, irgendein Detail zu ändern. Ich muß nicht jedesmal das Rad neu erfinden: Wenn etwas seine Gültigkeit bewiesen hat, wenn es – ganz pragmatisch betrachtet – in jeder Richtung abgesichert ist, dann gibt es keinen Grund, es zu verändern. Denn eine Änderung führt in diesem Fall nicht zu mehr Qualität, sie erzeugt nur jenen

Baumschlager: The use of computers doesn't only make sense due to the fact that it speeds up the planning process. One of the main difficulties in the planning process lies in communicating the ideas. Architectural plans use very abstract language which sometimes is difficult to communicate to the layman. These problems of our profession can, to a large degree, be resolved by the intelligent use of the computer. I can create three-dimensional images, you can make films, you can make animations, and so on. The really good, large offices that are present on the international scene today work only in this way. The larger the project gets, the harder it becomes to push things through. Therefore you simply must use everything available to you to make things understood. Today you get nowhere with a 6-B and a bunch of sketches.

Because of your early use of computers you have compiled a sizable digital catalog of details which you modify yet continue to use in new projects. Many times you have been criticized, at least by your colleagues in Austria, for doing so.

Baumschlager: Concerning this we have a very simple outlook. Not every detail has to cause a sensation. We believe that details that have proved themselves should be used until better, or more meaningful, details are found. That is the only argument for changing a detail. I don't need to reinvent the wheel everytime I start a project. When something has been proven to work, from many points of view, there is no reason to change it. Changing something, not because of quality, leads to a type of "Carnival" taste, and subjective ideas, as you can see everywhere. Everyone thinks that they must design new handrails, windows, and so on – this is complete nonsense. We have never been interested in being a part of this. We want a detail to fulfil as many criteria as possible. In consideration of this goal, things must be worked out, developed, and changed. When we feel we have reached this goal we keep something until new aspects come along, making changes and new reactions necessary.

Wohnanlage Unterfeld, Lauterach
Housing project Unterfeld, Lauterach
1994

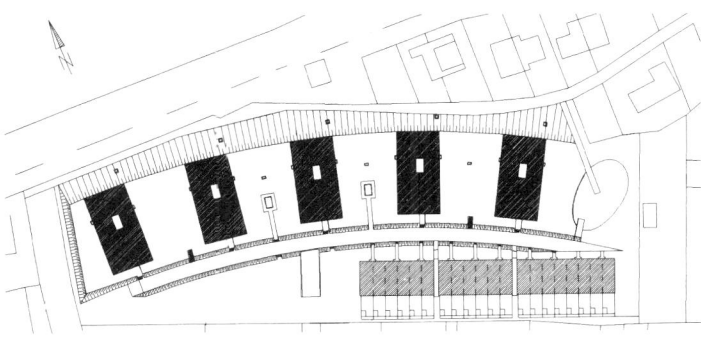

1 : 2500

Städtebaulicher Kontext: In einer völlig ungeklärten Dorfrandsituation, der die Anlage durch die Organisation der Einzelbaukörper mit einer fertigen städtebaulichen Figur begegnet. Fassade: Eine klassische Putzfassade, bei der auch Betonfertigteile verwendet wurden; die Beschattungselemente liegen jeweils an der Außenkante der Terrassen, so daß diese Freibereiche fast zum Innenraum werden.

Urban context: In a absolutely undefined village periphery, which the project meets with a completed urban figure through the organisation of its individual buildings. Facade: A classical roughcast facade also including prefabricated concrete parts; the shading elements are located at the outer edge of the terraces so that the free areas almost become inner rooms.

1 : 250

OG 1 : 250

1	KÜCHE	KITCHEN
2	ESSEN, WOHNEN	DINING, LIVING
3	ZIMMER	ROOM
4	WC	LAVATORY
5	BAD	BATHROOM
6	VORRAUM	HALL
7	BALKON	PATIO
8	LUFTRAUM	OPEN SPACE

EG 1 : 250

I would now like to return to the theme of housing, because it is such an important chapter of your work. Other than that, I often feel that especially in housing, there is much too much architectonic ambition – what you called the "reinvention of the wheel" instead of investing energy in the development of new, more economical housing concepts, that people could again afford.

Eberle: Economics in housing is a relatively simple problem. Many architects have been brought up with the "political-organizational" way of thinking about economics. Therefore it's not strange that in the last 20 years it has been the decision-makers and developers that have worried about the question of economics. The result is that the know-how of the architect concerning economic matters is not very great. Besides this, because of the political framework here in Austria, the developer has only been concerned with one question – whether or not a project can qualify for public housing subsidies. But, it has never been very transparent why, and how, a project qualifies for support. From a more precise analysis of every situation in housing, 3 levels of cost optimization can be deduced. One has to do with legal regulations, which within Europe, and even within Austria are very different. I can give one very extreme example: the same steel, made in Austria, is allowed to bear 15 % more load in Switzerland than in Austria. There are countless such examples. The second level cost depends upon is, without doubt, the way in which we build today. One could take for example the relation between hardware and software costs, where the cost of hardware is approximately 80 or 90 % of the total. This means that we still haven't understood, what has been understood in other production processes, that we need more software, more know-how, then we could eventually produce more intelligently and economically. Of all fields of production, it is only building which has not followed in this development.

geschmacklichen Karneval subjektiver Ideen, wie man ihn überall sieht. Jeder glaubt, er muß wieder ein Geländer neu designen, ein Fenster, all diesen fürchterlichen Quatsch. Bei uns stand es nie zur Diskussion, das mitzumachen. Wir legen sehr viel Wert darauf, daß ein Detail bestimmte Kriterien möglichst gut erfüllt, im Hinblick auf dieses Ziel werden Dinge bearbeitet, weiterentwickelt und verändert. Wenn wir das Gefühl haben, sie sind ganz richtig, dann behalten wir sie solange bei, bis sich neue Aspekte ergeben, die eine Veränderung, eine Überarbeitung, ein neuerliches Reagieren notwendig machen.

Ich würde jetzt sehr gerne in einer verbale Kurve zum Thema Wohnbau zurückkehren, weil das doch ein sehr wichtiges Kapitel innerhalb Ihrer Arbeit ist. Außerdem habe ich oft das Gefühl, daß gerade im Wohnbau viel zu viel architektonische Ambition in die – wie Sie es genannt haben – „Neuerfindung des Rades" investiert wird, anstatt in neue, vor allem ökonomischere Wohnbaukonzepte, die sich die Leute wieder leisten können.

Eberle: Ökonomie im Wohnbau ist ein relativ einfaches Problem. Viele Architekten sind durch die politisch-organisatorischen Gegebenheiten ökonomisch vollkommen „entwöhnt". Das scheint auch nicht weiter verwunderlich, schließlich haben sich um solche Fragen in den letzten zwanzig Jahren die Entscheidungsträger, die Bauträger gekümmert. Aber was daraus folgt ist, daß das Know-how der Architekten in Sachen Ökonomie nicht sehr groß ist. Außerdem hat es in Österreich aufgrund der politischen Rahmenbedingungen für die Bauträger immer nur eine Frage gegeben: Läßt sich ein Entwurf im Rahmen der Wohnbauförderung realisieren oder nicht. Aber warum er sich nicht realisieren läßt oder eben doch, das war nie sehr transparent. Bei einer genaueren Analyse zeichnen sich in der jetzigen Situation im Wohnbau drei verschiedene Ebenen der Kostenoptimierung ab. Die eine hat mit den gesetzlichen Bedingungen zu tun, die sowohl regional innerhalb Österreichs als auch international innerhalb Europas komplett verschieden sind. Ich nenne ein extremes Beispiel: Der österreichische Stahl ist in der Schweiz um 15 Prozent höher belastbar als in Österreich. Und solche Irrationalitäten könnte man stundenlang aufzählen. Eine zweite Ebene, auf der Kosten entstehen, die man durchaus hinterfragen kann, hat mit der Art und Weise, wie wir heute bauen, zu tun. Was zum Beispiel das Verhältnis zwischen Hardware- und Softwarekosten betrifft, liegen die Kosten für die Hardware immer noch bei

Wohnanlage Lindenweg, Lauterach
Housing project Lindenweg, Lauterach
1995

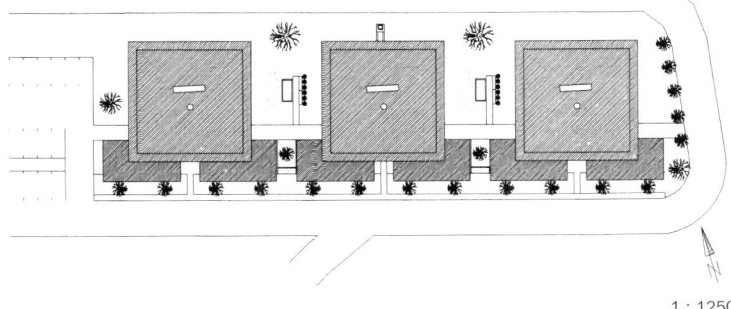

1 : 1250

Städtebaulicher Kontext: Auf einem Grundstück mit klarer Ost-West bzw. Nord-Süd-Orientierung – gleich daneben: Eisenbahn, Autobahn und eine Bundesstraße –, daher die windradartige Organisation der Bebauung, so daß es keine reinen Nord-Wohnungen gibt.
Fassade: Eine Holzfassade mit Aluminium-Schiebeläden, die wegen der unwirtlichen Umgebung nach schallschutztechnischen Kriterien entwickelt wurde.

Urban context: On a piece of land clearly oriented from east to west and north to south – right beside it: railway tracks, a speedway and a state road – explaining its windmill-like organization; there are no apartments facing north only.
Facade: A wooden facade with aluminium sliding shutters, which due to the inhospitable surroundings protect against noise as well.

1	KÜCHE	KITCHEN
2	ESSEN	DINING
3	WOHNEN	LIVING
4	ZIMMER	ROOM
5	BAD	BATHROOM
6	WC	LAVATORY
7	VORRAUM	HALL
8	ABSTELLRAUM	STOREROOM
9	LUFTRAUM	OPEN SPACE
10	TROCKENRAUM	DRYING ROOM
11	WASCHKÜCHE	LAUNDRY
12	KINDERWAGEN	PRAM DEPOT
13	ABTEIL	COMPARTMENT

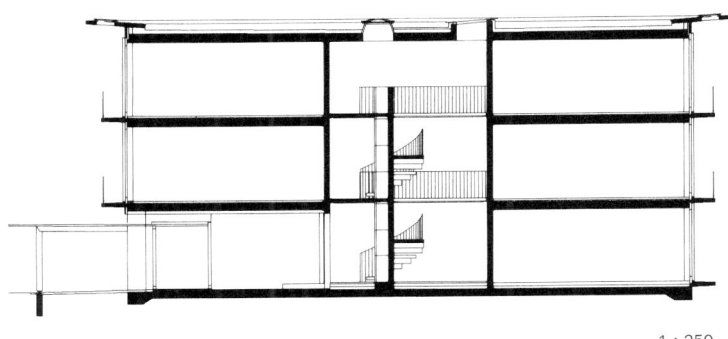

1 : 250

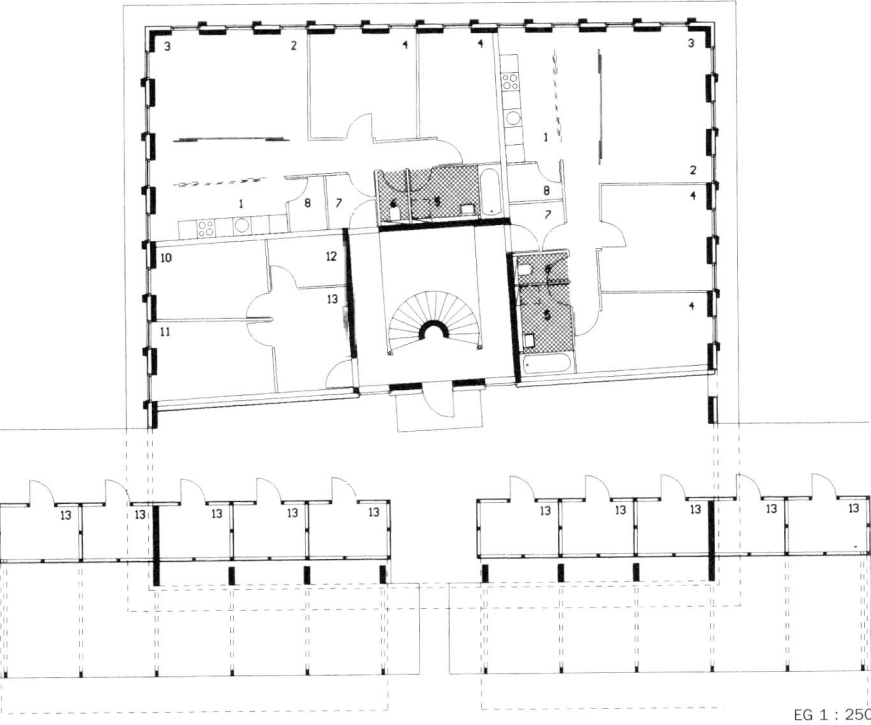

EG 1 : 250

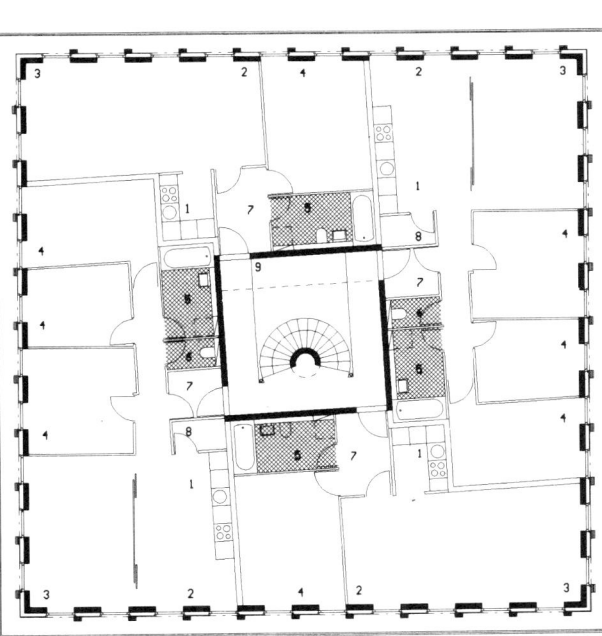

OG 1 : 250

achtzig oder neunzig Prozent. Das bedeutet, daß wir noch immer nicht begriffen haben, was in jedem anderen Produktionsprozeß begriffen worden ist, daß wir mehr Software, mehr Know-how brauchen, um einfach intelligenter und schlußendlich ökonomischer produzieren zu können. In allen anderen Produktionsbereichen hat sich die Entwicklung in diese Richtung vollzogen, nur am Bau nicht.

Und die dritte Ebene, die unserer Meinung nach immer wichtiger wird, liegt im Entwurf selbst. Über den Entwurf werden praktisch die Kosten fixiert. Darüber gibt es Untersuchungen, daß nicht in erster Linie die Art der Ausführung über die Kosten entscheidet, sondern in weitaus größerem Maß der Gebäudeentwurf. Das heißt, man kann schon in einem sehr frühen Stadium über Gebäudekennzahlen und Richtwerte fixieren, ob das Gebäude am Ende einen Quadratmeterpreis von 15.000, 17.000 oder 20.000 Schilling hat. Ausschlaggebend ist dafür nicht der vielgerühmte Standard, auch nicht, ob das Gebäude in Beton, Ziegel oder Holz errichtet wird, ausschlaggebend ist vor allem die Qualität des Entwurfs. Das sind sehr komplexe Zusammenhänge.

Baumschlager: Der Entwurf entscheidet nicht nur über die Kosten, er betrifft auch die Energiefrage. Ökonomie und Ökologie sind vernetzte Grössen. Der Architekt hat somit eine sehr große Verantwortung gegenüber der Gesellschaft.

Eberle: Die Frage der Ökonomie hat im Wohnbau eine sehr grundsätzliche Dimension. Denn in den letzten vierzig Jahren haben wir gesellschaftlich gesehen stets über unsere Verhältnisse gelebt. Und das begreifen wir erst jetzt so richtig. Der Wohnbau war in Österreich immer eine politische Frage. Es ist eine historische Notwendigkeit, mit den vorhandenen Ressourcen effektiver umzugehen. Wenn wir auch weiterhin über Österreich oder Europa als Industriestandort reden wollen, dann bleibt uns gar nichts anderes übrig. Um unseren gewohnten Lebensstandard, für den wir ja alles opfern, aufrecht erhalten zu können, müssen wir lernen, mit den zur Verfügung stehenden Mitteln zu haushalten. Das ist ein ganz normaler Prozeß, wie er auch in jeder anderen Produktion, nicht nur auf dem Wohnbausektor, notwendig ist. Sicher wird es in absehbarer Zeit nicht zu einem Wohnungsmarkt kommen, der frei von politischer Intervention ist, und natürlich stellt der Wohnbau eine der zentralen Möglichkeiten zur sozialen Umverteilung dar. Andererseits wissen wir zumindest seit den achtziger Jahren, daß wir nicht nach unten umverteilen, sondern daß die Wohnbauförderung zu einer Mittelschichtförderung geworden ist. Ob man das nun

The third level, which we think is becoming increasingly important, lies in the design itself. The design practically fixes the costs. There are studies based on not so much the type of construction, but much more on the scale of the building design. This means that you can determine in a very early stage of a design based on guidelines and standards whether the building costs 15,000, 17,000 or 20,000 schilling per square meter. What's decisive is not the "often honored" standard, or whether something is built in concrete, wood, or masonry, but the quality of the design itself. These have very complex relationships.

Baumschlager: The design is not only a question of cost, it is also a question of ecology. The questions of ecology and economy are closely linked. Therefore the architect has a great responsibility toward society.

Eberle: There is a very basic dimension concerning the issue of economy in housing. In social terms, we have lived beyond our means for the last 40 years. We are only now beginning to realize this. In Austria, housing has always been a political question. It is a historical necessity to work more effectively with our existing resources. If we want to talk about Austria, or Europe as an industrial region in the future, then we can do nothing else. In order to maintain our standard of living, for which we sacrifice everything, we must learn to use existing resources efficiently. This is a completely normal process that is indicated for all sectors of production, not only the building sector. Surely the housing sector won't be free from political intervention in the near future, because housing is one of the central possibilities for social redistribution. We also know, at least since the 1980s, that we do not distribute downward, and that public housing subsidies have become a kind of middle-class support. I don't want to make a judgement on whether or not these things should be done politically or not, but you cannot avoid noticing that even these types of middle-class supports have reached their limit. We must use all available resources economically and effectively. Herein lies one of the reasons why architecture in the 90s is largely seen as resource management.

Wohnanlage Brunnenfeld, Bludenz
Housing project Brunnenfeld, Bludenz
1995

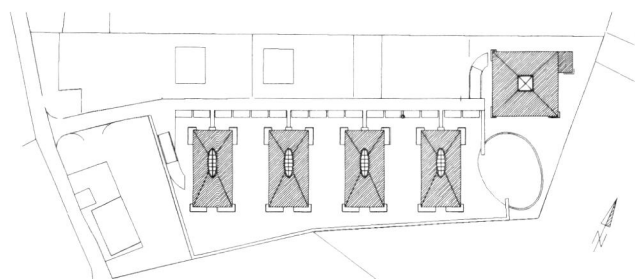

1 : 2500

Städtebaulicher Kontext: An der unstrukturierten Peripherie eines Dorfes in einer eher alpinen – kalten, windigen – Region, weshalb der Typ nach außen eher geschlossen ist.
Fassade: Eine klassische Putzfassade, die wegen der klimatischen Bedingungen verglaste Veranden und relativ reduzierte Fensterflächen hat.

Urban context: At the unstructured periphery of a village in a rather alpine – cold, windy – region, explaining why this type is closed off to the outside.
Facade: A classical roughcast facade featuring verandas covered with glass and relatively reduced window surfaces due to the climatic conditions.

OG 1 : 250

1	KÜCHE	KITCHEN
2	ESSEN	DINING
3	WOHNEN	LIVING
4	ZIMMER	ROOM
5	BAD	BATHROOM
6	WC	LAVATORY
7	VORRAUM	HALL
8	ABSTELLRAUM	STOREROOM
9	BALKON	BALCONY
10	LUFTRAUM	OPEN SPACE
11	HAUSWART	CARETAKER
12	WINDFANG	PORCH
13	KINDERWAGEN	PRAM DEPOT
14	CONTAINER	CONTAINER

EG 1 : 250

politisch will oder nicht, das möchte ich moralisch nicht bewerten. Aber jedenfalls kommt man nicht mehr umhin zu bemerken, daß selbst diese Mittelstandsförderung an ihr Limit stößt. Wir werden also mit den zur Verfügung stehenden Mitteln ökonomischer und effektiver umgehen müssen.
Und darin liegt auch eine der Ursachen, daß wir Architektur in den neunziger Jahren sehr stark als Ressourcen-Management verstehen.

Baumschlager: Ich glaube, daß der Wohnbau in Wirklichkeit keine Aufgabe ist, die man nur formalistisch angehen kann, weil er im Gegensatz zu vielen anderen Bauaufgaben einem viel breiteren Anspruchsniveau unterworfen ist. Im Wohnbau geht es nicht nur darum, Entwicklungsspielraum für die Individualität seiner Bewohner zu schaffen, sondern auch um eine hohe Verantwortung gegenüber der Öffentlichkeit. Wohnbauten sind etwas, das durch sein massenhaftes Erscheinen unsere Ortsbilder, Landschaftsbilder, Landschaftsstrukturen am meisten prägt. Man könnte es so sehen: Eine Siedlungsstruktur oder eine Stadt läßt sich als Material oder graue Masse begreifen, als eine Formulierung von Randbedingungen, die nur an ein paar exponierten Stellen die Möglichkeit bieten, Highlights zu produzieren. Diese graue Masse besteht im wesentlichen aus Wohnbauten. Nur – die Qualität dieser grauen Masse, die determiniert in sehr hohem Maß die allgemeine Struktur.

A propos graue Masse: Ich habe meine erste „Architekturreise" durch Vorarlberg vor etwas mehr als zehn Jahren gemacht. Und ich erinnere mich, daß Sie damals gerade eine „weiße Serie" von Einfamilienhäusern aufgelegt haben, aber Geschoßwohnungsbau gab es noch keinen einzigen von Ihnen. Überhaupt hatte ich den Eindruck, daß von der Akzeptanz her nach dem Einfamilienhaus in Vorarlberg eigentlich nur noch der verdichtete Flachbau kommt. Da scheint sich offenbar viel geändert zu haben. Die neuen Wohnanlagen, die ich zuletzt gesehen habe, die machen einen sehr städtischen Eindruck.

Baumschlager: Vorarlberg ist ja in Wirklichkeit viel stärker Stadt als Land. Und bei allen diesen Projekten interessiert uns die städtebauliche Situation, es interessiert uns, was es für städtebauliche Möglichkeiten dabei gibt. Das ist insofern besonders spannend, als es im Land selbst keine Tradition auf diesem Gebiet gibt, es gibt keine Vorbilder.

Baumschlager: In reality I don't believe that housing is a problem you can approach in a strictly formal way because, in contrast to many other building projects, it addresses a broader range of issues. The problem of housing is not only to create and develop spaces for the individual inhabitants, but also is a problem involving a great responsibility to the public. Housing is something, due to its vast quantity, which puts its mark upon our cities and the landscape more than other forms of building. You could put it this way: A housing block, or a city, could be seen, or understood, as material or a grey mass – as a formulation of so many different conditions where the possibility exists in only a few places to produce highlights. This grey mass consists mainly of housing, so therefore it is only the quality of this grey mass that largely determines the overall structure of a place.

Speaking of grey mass: I made my first "Architectural Journey" through Vorarlberg more than 10 years ago. I remember at that time you had just completed a "white series" of detached family houses, but had not yet done any larger scale housing projects. Above all I had the impression that, because of the acceptance of these houses, larger housing projects had to be the next step for you. Obviously a lot has changed since then. The new housing projects that I have seen make a very urban impression.

Baumschlager: In reality, Vorarlberg is much more a city than a countryside. With all of these projects, the urban situation and the possibilities it offers, has intrigued us. In the country there are no models or traditions for this, which we find particularly exciting.

Eberle: You can simply look at Vorarlberg in the following way: It's 40 kilometers from Bregenz to Feldkirch, and the valley in which the housing structures lie is seldom more than 5 km wide. 260,000 people live in this area. According to density, income, statistics, and social statistics, this area is considered a city or an urban area. It's only when you see Vorarlberg from its nature that this "urban" impression begins to change. The picture you get is one of a more rural area, but in reality, from an economic and social point of view, the area has a completely urban structure.

Wohnanlage Mozartstraße, Dornbirn
Housing project Mozartstraße, Dornbirn
1996

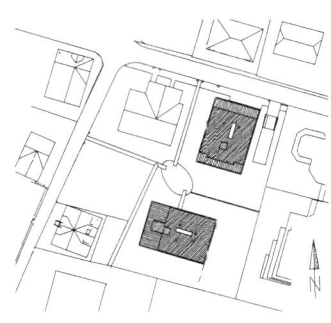

1 : 2500

Städtebaulicher Kontext: Mitten im Zentrum, so daß – bei aller Durchlässigkeit der punktförmigen Bebauung – eine relativ hohe Dichte auf dem Grundstück erzielt werden mußte.
Fassade: Eine hochwertige Klinkerfassade mit Kupfer-Faltläden und einer additiven Fensterreihung, die in dieser Gegend traditionell ist; die privaten Außenräume sind in dieses Fassadensystem integriert.

Urban context: At the centre, meaning that – in spite of the permeability of point-like buildings – a relatively high density was created on the estate.
Facade: A high-quality clinker facade with copper folding shutters and an additive row of windows as is traditional for this region; the private outside rooms are integrated into the facade system.

1	KÜCHE	KITCHEN
2	ESSEN	DINING
3	WOHNEN	LIVING
4	ZIMMER	ROOM
5	BAD	BATHROOM
6	WC	LAVATORY
7	VORRAUM	HALL
8	VERANDA	PATIO
9	MÖGLICHE VERANDA	POSSIBLE PATIO
10	FOYER	FOYER
11	WASCHKÜCHE	LAUNDRY
12	FAHRRAD	BICYCLE DEPOT
13	KINDERWAGEN	PRAM DEPOT
14	MÜLL	WASTE CONTAINER

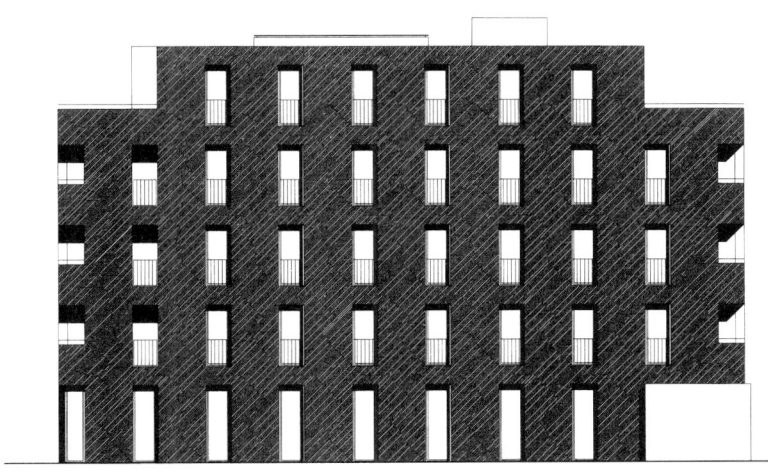

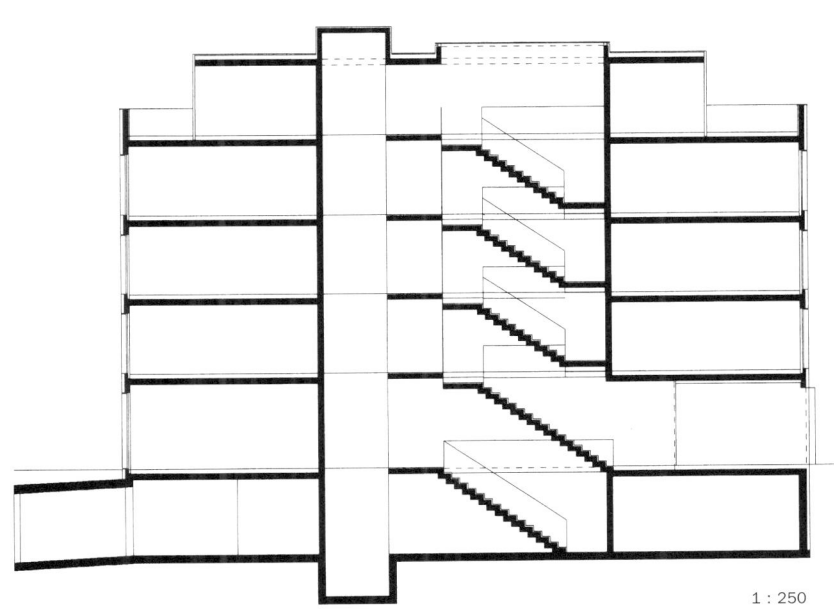

1 : 250

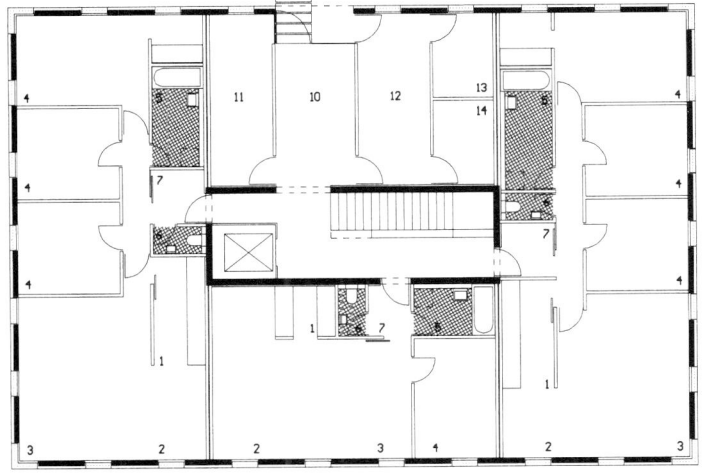

EG 1 : 250

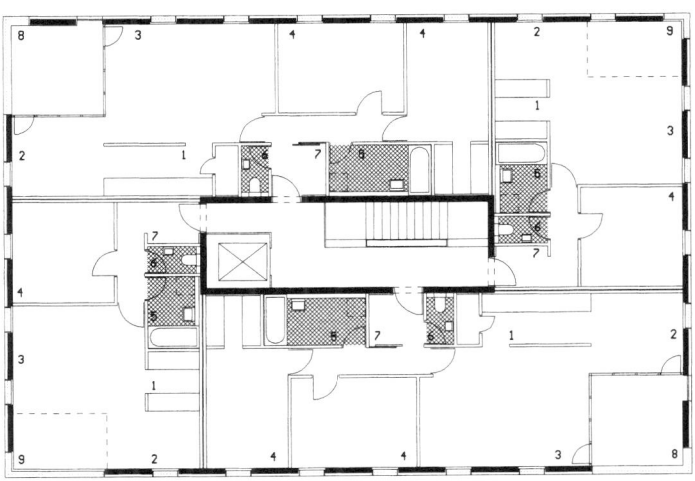

OG 1 : 250

Eberle: Begreifen Sie Vorarlberg einfach so: Von Bregenz nach Feldkirch sind es vierzig Kilometer, und das Tal, der Siedlungsraum ist selten breiter als fünf Kilometer. Da leben 260.000 Menschen. Von der Dichte, von den Einkommensverhältnissen, von den Sozialstatistiken her würden Sie das immer als Stadt einstufen, erst wenn sie Vorarlberg in natura sehen, gerät dieses Bild ein wenig ins Wanken. Das Bild, das vermittelt wird, ist das einer ländlichen Gegend, aber in Wirklichkeit handelt es sich sowohl ökonomisch als auch sozial um eine vollkommen städtische Struktur.

Na, mir kommt vor, so ganz städtisch ist es auch wieder nicht. Denn der Mangel an Infrastruktur ist in diesen großen Siedlungsräumen schon gewaltig.

Eberle: Natürlich ist Vorarlberg aufgrund dieser flächigen Siedlungsstruktur dezentral organisiert. Deswegen haben wir in Vorarlberg ja auch ein großes Verkehrsproblem, weil die individuelle Mobilität eine Grundvoraussetzung dafür ist, daß wir unsere Art des Lebens aufrecht erhalten können. Was Sie hier vor sich haben, das ist also keine europäische Stadt, das ist eine Agglomeration.

Dieser Eindruck teilt sich dem Außenstehenden, wenn er im Ländle unterwegs ist, wirklich sehr intensiv mit. Ich weiß oft nicht, wo ich überhaupt bin, weil eine Ortschaft so nahtlos in die nächste übergeht. Aber das enthebt den Architekten natürlich nicht der Verpflichtung, den städtebaulichen Aspekt seiner Tätigkeit im Auge zu behalten, im Gegenteil.

Baumschlager: Der Städtebau ist eine Frage, die sehr mit dem Ort zusammenhängt, mit der spezifischen Situation. Erst anhand dieser Bedingungen des Ortes, der tatsächlichen Möglichkeiten, die es dort gibt, der politischen Rahmenbedingungen einer Gemeinde, einer Stadt, kann man den Feinschliff eines Konzepts erarbeiten. Auf der anderen Seite gibt es bestimmte Randdaten, die unveränderbar sind. Daß ein Gebäude, das sehr kompakt ist, auch ökonomisch und ökologisch funktioniert, das ist einfach eine Tatsache. Und daran willkürlich etwas zu ändern, nur weil man irgendeinen formalistischen Gag realisieren will, das kommt für uns nicht in Frage. Wir verfolgen gewissermaßen ein Programm. Dabei halten wir uns an die Dinge, von denen wir sicher wissen, daß sie unumstößlich sind, und da setzen wir auch an, um etwas für den jeweiligen Ort zu entwickeln, im Hinblick auf die konkreten klimatischen Verhältnisse, die handwerklichen Möglichkeiten, die lokalen Ressourcen. Denn die Rahmenbedingungen für das Innenleben eines solchen Wohnbaus sind ja in

Well, for me this area does not seem so urban. For example, the lack of infrastructure in this valley area is enormous.

Eberle: Of course, because of this structure, Vorarlberg is decentrally organized. Because of this we have enormous transportation and traffic problems. What you see here in Vorarlberg is not a European city but more of an agglomeration.

To an outsider, this impression is very intense when you are out in the countryside. I often have absolutely no idea where I am because one town merges into the other. This however does not release the architect from the duty of paying attention to the urban design aspect of his design – on the contrary.

Baumschlager: Urban design is a question that has a lot to do with the site and the specific situation. You can only fine tune a concept after you get a grip on the conditions of the site, the real possibilities, and the political framework of the city or community. On the other side there are certain things that cannot be changed. It is simply a fact that a building should be compact, and function both economically as well as ecologically. The idea of changing things only to make some sort of formalistic joke is not a question for us. In a way we follow a program. Thereby we keep to the things that we are sure of, and develop these things for the various sites in relation to climatic conditions, technical possibilities, and local resources. The frame conditions for the interior life of such housing projects are in reality quite narrow. If you consider the contemporary ideas of living, you can't really do that much. The family with two children, to which earlier housing concepts were geared, doesn't exist any more in the form of a target group. You must try to develop relatively neutral structures which in terms of size and function are very flexible. This also effects the exterior of such buildings because, of course, the outside appearance of a building is related to its interior. The architect working in the field of housing under today's conditions has very little room to manœuver because these conditions are very difficult to change. From this a certain architectural language, and specific themes that we deal with inevitably result – a basically neutral interior, very compact building volumes, relatively neutral structures and facades.

Wohnanlage am Mühlbach, St. Pölten
Housing project along the Mühlbach river, St. Pölten
1996

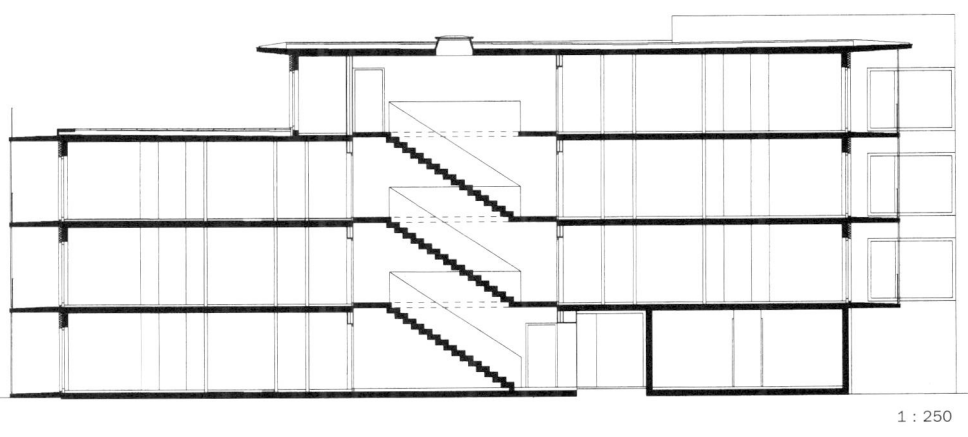

ANSICHT NORDWEST
VIEW NORTHWEST

1 : 2500

1 : 250

Städtebaulicher Kontext: An der Grenze
zwischen einer Einfamilienhaus-Bebauung
und dem schönen Landschaftsraum des
Mühlbaches, in einem Gebiet, das in den
nächsten Jahren weiter verdichtet werden
soll.
Fassade: Der Versuch, den Wohnungen mit
Hilfe eines zweischaligen Konzeptes – Putz
mit Lärchenholz-Schiebeelementen – private
Außenräume zuzuordnen.

Urban context: Located between an area
with detached family houses and the
beautiful landscape of Mühlbach, in an area,
which will become more densely inhabited in
the next few years.
Facade: An attempt to allocate private
outside rooms to the apartments by using
two-ply concepts – roughcast with sliding
elements made of larch wood.

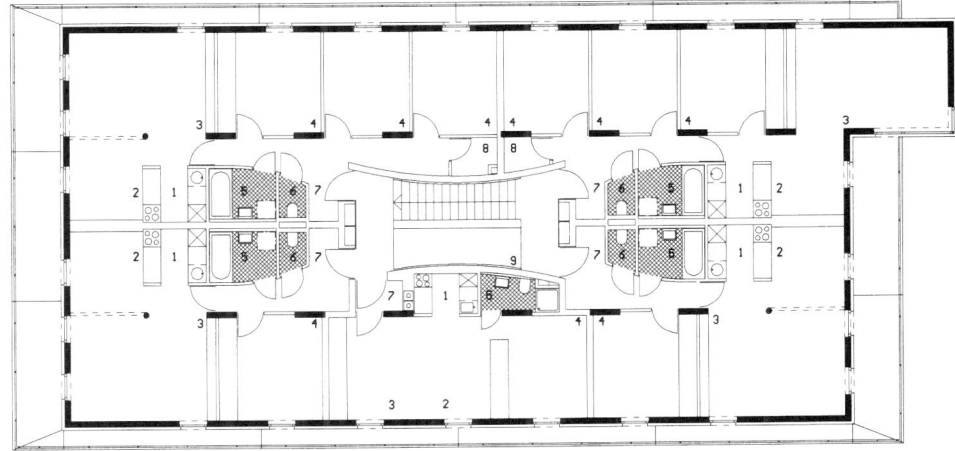

OG 1 : 250

1	KÜCHE	KITCHEN
2	ESSEN	DINING
3	WOHNEN	LIVING
4	ZIMMER	ROOM
5	BAD	BATHROOM
6	WC	LAVATORY
7	VORRAUM	HALL
8	ABSTELLRAUM	STOREROOM
9	LUFTRAUM	OPEN SPACE
10	WASCHKÜCHE	LAUNDRY
11	KINDERWAGEN,	PRAM DEPOT,
	FAHRRAD	BICYCLE DEPOT
12	ABTEIL	COMFARTMENT

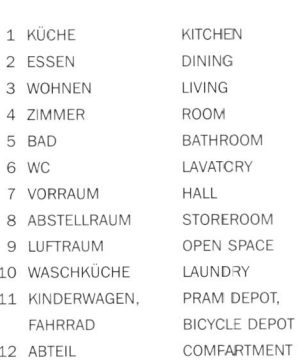

EG 1 : 250

Wirklichkeit sehr eng. Drinnen kann man nicht sehr viel machen, wenn man die heutigen Wohnvorstellungen berücksichtigen will. Die Familie mit zwei Kindern, auf die hin die früheren Wohnbauten optimiert worden sind, die gibt es in der Form als Zielpublikum nicht mehr. Man muß also versuchen, relativ neutrale Strukturen zu entwickeln, die in bezug auf die Größe und Nutzung sehr flexibel sind. Das hat wiederum Auswirkungen darauf, wie sich ein Wohnbau nach außen präsentiert, weil das Innenleben natürlich mit dem äußeren Erscheinungsbild etwas zu tun hat. Dem Architekten bleibt im Wohnbau unter den heutigen Voraussetzungen nur ein sehr enger Spielraum, der nicht beliebig veränderbar ist. Und daraus resultiert zwangsläufig eine bestimmte architektonische Sprache, daraus resultieren gewisse Hauptthemen, mit denen wir uns beschäftigen – ein weitgehend neutrales Innenleben, sehr kompakte Baukörper, relativ neutrale Strukturen auch an den Fassaden.

Ich komme nochmals auf meine Vorarlberger Architekturreise vor zehn Jahren zurück, denn ich habe einfach den Eindruck, daß sich seither unheimlich viel verändert hat. Es gab damals zwar schon diese gewissen kleinen Siedlungen im verdichteten Flachbau, auch Reihenhausanlagen für Eigentümer-Gemeinschaften, aber das Einfamilienhaus war nach wie vor ein wichtiges Thema, während der Geschoßwohnungsbau bei weitem nicht die Rolle gespielt hat wie heute. Damals war auch der Holzbau noch ein wirklich aktuelles Thema. Sie selbst haben anfangs viel mit Holz gearbeitet, das hat sich offenbar aufgehört.

Baumschlager: Das hängt mit den Bauaufgaben zusammen, die heute in unserem Büro bearbeitet werden, auch mit den Umständen, unter denen ein Bau realisiert wird, mit den ökonomischen Randbedingungen bzw. den Organisations- und Bausystemen, die man für die Realisierung eines Projekts verwendet. Früher, bei den verschiedenen Eigenleistungsmodellen, hat sich dieses Material sehr angeboten, weil man gemeinsam mit dem Bauherrn in der Holzbauweise sehr viel machen konnte. Dagegen ist Holz im sozialen Wohnbau und im Geschoßwohnungsbau momentan kein Thema. Unsere Philosophie zielt grundsätzlich darauf ab, Materialien so einzusetzen und zu verwenden, daß sie in bezug zur gestellten Aufgabe die höchste Effizienz entfalten. Wie ja überhaupt in unserer Arbeit die ganz simple Frage eine Rolle spielt, was etwas in Relation zu dem, was es tatsächlich kann, kostet. In dieser Hinsicht sehen wir unsere Arbeit auch als

I want to return to my first architecture trip ten years ago, because I have the impression that things have changed incredibly since then. There were some smaller social housing projects, as well as row houses, but the detached family house was still an important theme in housing. The concept of larger housing structures didn't play the role it does today. At that time, wood was also a main theme. You started by working a lot with wood, but this seems to have stopped.

Baumschlager: It depends on the projects we are working on in the office, and how a building is realized – with the economic conditions of the organization, and the building systems we are using to realize a project. Earlier, with the different "do-it-yourself" models, wood more or less offered itself to the project because using wood the clients could do a lot themselves. Contrary to this, the use of wood in social housing, or apartment buildings is not really a theme at the moment. Our philosophy aims at using materials, which in relationship to each project, serve their purpose in the best possible way in relation to the cost. In this respect we have seen our work also as a process which is about optimizing the balance between inputs. With all our designs there is the issue we discuss longest and most in depth – the proportion of the means used in relation to the result. This concerns the formal levels, just as it concerns the technical issues, organization, and methods – it concerns the way we work.

Of course it's clear to me that the use of wood is still a theme in your work – I refer to the Burger house in Bregenz with its shingled facade, and to the fact that you are presently realizing an apartment building which will have a shingled facade. But it seems to me that this is a completely different way of working with wood here.

Baumschlager: In the beginning, with the "do-it-yourself" houses, wood was the most familiar, and usable material to us, as well as its being a traditional material from the region. But even today, when we need a very good isolation value, we still use wood, but in another form – as hung facades, or as prefabricated facade elements. The cost factor also plays a role, because the price of prefabricated elements is relatively low. The use of prefabricated elements also accelerates the

Wohnanlage Pongartstraße, Dornbirn
Housing project Pongartstraße, Dornbirn
1996

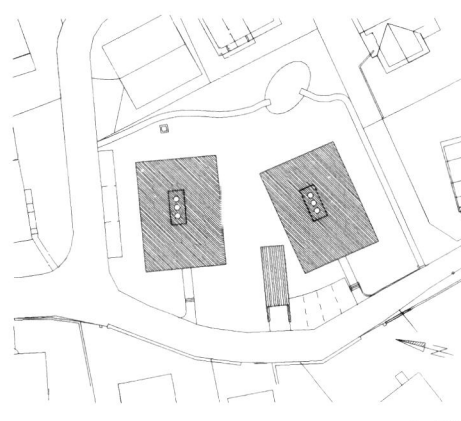

1 : 1250

Städtebaulicher Kontext: Auf einem kleinen Grundstück inmitten
bäuerlicher Strukturen, deren Größenordnung – trotz einer gewissen
städtischen Dimension – der Entwurf aufnimmt.
Fassade: Ein reizvolles Spiel mit dem Kontrast zwischen der strengen
Geometrie der additiven Reihung der Fenster und dem traditionellen
Material der Fassadenhaut – Schindeln.

Urban context: On a small piece of land in the midst of farms,
whose dimensions – in spite of a certain urban scale – incorporate
the draft design.
Facade: A charming play on the contrast between the strict
geometry of additive rows of windows and the traditional material
of the facade – shingles.

1	KÜCHE	KITCHEN
2	ESSEN	DINING
3	WOHNEN	LIVING
4	ZIMMER	ROOM
5	BAD	BATHROOM
6	WC	LAVATORY
7	VORRAUM	HALL
8	VERANDA	PATIO

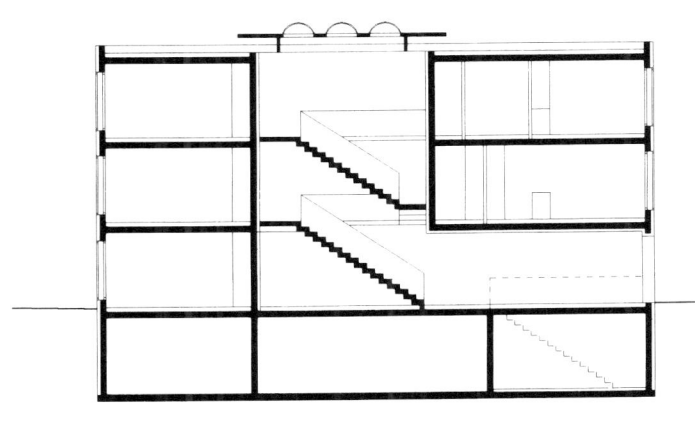

1 : 250

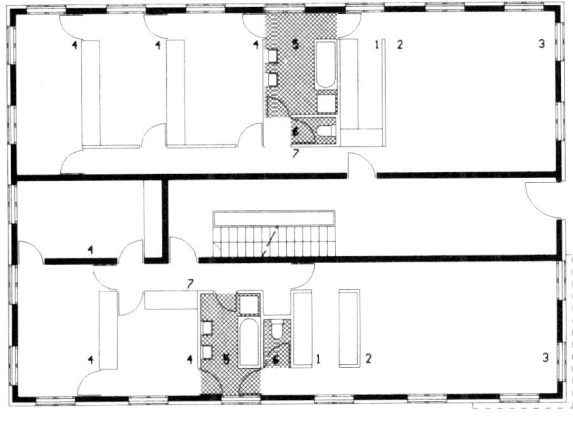

EG 1 : 250

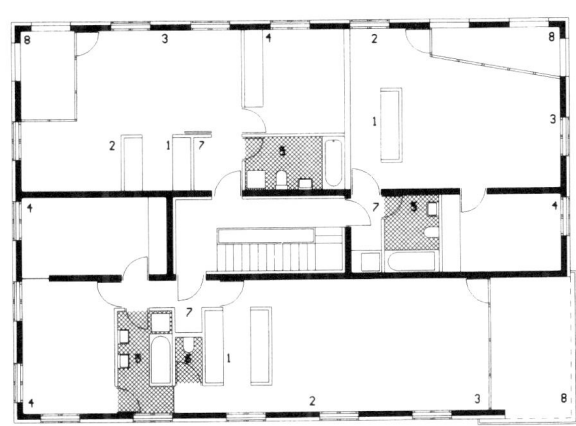

OG 1 : 250

einen Prozeß, in dem es darum geht, die Verhältnismäßigkeit der eingesetzten Mittel zu optimieren.
Bei allen unseren Entwürfen ist das die Frage, über
die wir am längsten und gründlichsten diskutieren –
die Verhältnismäßigkeit von Mitteln in Relation
zum Ergebnis. Und das betrifft die formale Ebene
genauso wie die technische, die organisatorische,
die methodische, es betrifft sogar die Art und Weise,
wie wir selber arbeiten.

*Mir ist natürlich schon klar, daß Holz auch heute
noch ein Thema in Ihrer Arbeit ist – ich verweise
nur auf das Haus Burger in Bregenz mit seiner
geschindelten Fassade und darauf, daß Sie gerade
einen Geschoßwohnungsbau realisieren, der
ebenfalls eine geschindelte Fassade haben wird.
Aber mir scheint, daß es sich hier doch um eine
ganz andere Art des Umgangs mit Holz handelt.*

Baumschlager: Holz war zunächst im Zusammenhang
mit der Eigenleistung und unseren regionalen
Traditionen das brauchbarste und nächstliegende
Material. Aber wenn wir besonders hohe K-Werte
brauchen, dann verwenden wir es auch heute wieder,
nur in einer anderen Form – eben als vorgehängte
Fassade oder als vorgefertigte Fassadenelemente.
Auch da spielt übrigens wieder der Kostenfaktor eine
Rolle, denn der Preis von fertigen Elementen, von
Tafeln ist relativ günstig. Außerdem beschleunigt die
Verwendung industriell vorgefertigter Teile den
langwierigen Bauprozeß. Also auch in dieser Hinsicht
ist Holz interessant. Und last not least: Es bietet
gewisse formale Möglichkeiten. Die Verwendung von
Holz verändert sozusagen den architektonischen
Ausdruck von einem Gebäude; und auf diesem
Gebiet zu experimentieren, das ist einfach spannend.

*Ich muß Sie in diesem Zusammenhang noch einmal
nach dem Stellenwert befragen, den das Einfamilienhaus in Ihrer Arbeit einnimmt. Das Einfamilienhaus
hat bis heute das Image, die beste Wohnform zu sein.
Sie haben in der Vergangenheit viele Einfamilienhäuser gebaut, sie bauen auch heute noch welche.
Wir sind uns aber alle im klaren, wie problematisch
das Einfamilienhaus, gesamtgesellschaftlich gesehen,
in Wirklichkeit ist. Wenn man nur an den Ratten-
schwanz an Kosten denkt, die durch die großflächigen
infrastrukturellen Maßnahmen verursacht werden,
auch wenn man an die unheimliche Zersiedelung der
Landschaft, an den Bodenverbrauch denkt. Wieso
bauen gerade Sie, die doch erstens genug zu tun
haben und zweitens die generelle gesellschaftliche
Problematik dieser Bebauungsform reflektiert haben,
überhaupt noch Einfamilienhäuser?*

relatively slow process of building, which also
makes the use of wood interesting. And last but
not least: it offers certain formal possibilities. The
use of wood changes the architectonic expression
of a building; and to experiment in this field is very
exciting.

*In this connection I must ask you again about
the important place in your work the detached family
house holds. The detached family house has, still
today, the image of being the best form of living.
In the past you have built many, and still build
some today. We are all aware how problematic, in
the social sense, the detached family house really
is. If you only think of the costs; from the extensive
infrastructural measures, to the overdevelopment
of the landscape, and to inefficient land use. Why
exactly do you still build detached family houses?
You have plenty to do, and there are so many
social and ecological problems associated with the
detached family house.*

Eberle: For us detached family houses offer an
opportunity to test and develop things which can
then be used in other projects. The "type", detached
family house, is where we understand the concept
of individuality. In larger housing projects the main
theme is something else, it's more about publicness.
In this, we try on the one side to formulate, and
really represent the social conventions and social
values. On the other side we try to vary and interpret
these types, so that in their respective uses, they
have an urban, architectonic and aesthetic validity.
We also make use of systems and typologies which
we then rework architectonically.

*In other words, you use detached family houses as
an experiment in the issue of housing at a larger
scale. Apart from this, your housing projects
transmit a bit of the same impression as, for
example, your "series" houses. One simply feels
there is a conceivable conceptual connection.*

Eberle: Of course. For us the type itself offers
possibilities for optimization. The bigger the house
becomes and the more public it becomes, the more
demands are made on the house. The question
which we try to answer with our housing is always:
which type responds best to these demands.

Wohnanlage Mitterweg, Innsbruck
Housing project Mitterweg, Innsbruck
1997

1 : 2500

Städtebaulicher Kontext: Zwischen einer Einfamilienhaus-Bebauung und einer ziemlich massiven, städtischen Blockrandbebauung, deren Maßstäblichkeit der Entwurf zwar aufnimmt, aber nicht in Form eines Riegels, sondern in Form größerer Einzelbaukörper.
Fassade: Eine zweischalige Fassade aus Betonfertigteilen und Eichenholz-Rosten, die den Zwischenraum als Aufenthaltsraum nutzt.

Urban context: Between an area with detached family houses and more or less massive, urban building blocks, whose dimensions incorporate the design, not as a bolt but as larger individual buildings.
Facade: A two-ply facade made of prefabricated concrete parts and oak wood frames that uses the interim space as a day room.

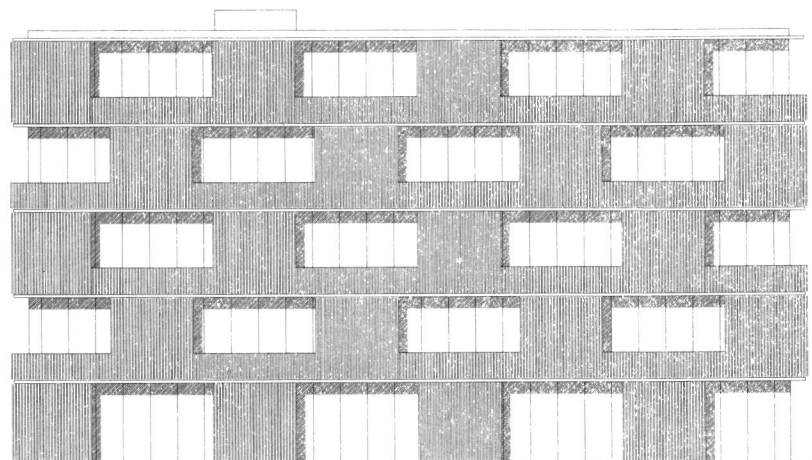

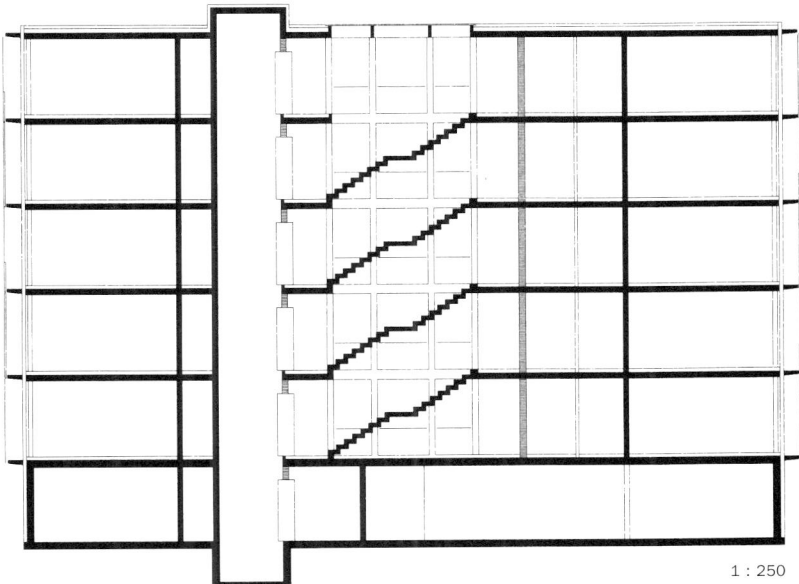

1 : 250

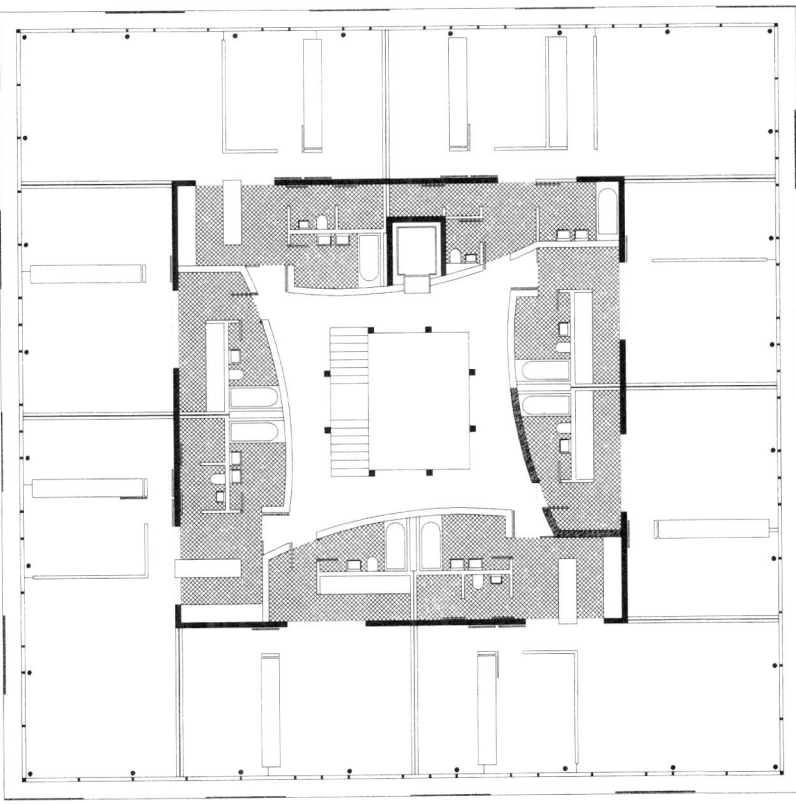

EG 1 : 250

Eberle: Für uns bietet das Einfamilienhaus eine Möglichkeit des Tests und der Entwicklungsarbeit, die im Wohnbau dann in die Typologie einfließt. Der Typus ist das, was wir auf der Einfamilienhaus-Ebene unter Individualität verstehen. Im Wohnbau geht es um etwas anderes, da geht es um Öffentlichkeit. Und daher versuchen wir einerseits einen Typus zu formulieren, der die gesellschaftlichen Konventionen, die gesellschaftlichen Werte tatsächlich repräsentiert, andererseits diesen Typus so zu variieren und zu interpretieren, daß er im jeweiligen Zusammenhang, an seinem konkreten Standort sowohl städtebaulich als auch architektonisch und ästhetisch Gültigkeit hat. Wir verwenden also Systeme, Typologien, die wir aber architektonisch laufend überarbeiten.

Mit anderen Worten: Das Einfamilienhaus kommt eher für Experimente in Frage als der Wohnbau. Davon abgesehen: Ihre Wohnbauten vermitteln tatsächlich ein wenig den Eindruck, als wären sie sozusagen „in der Serie" gedacht. Man hat einfach das Gefühl, als würde es eine gedankliche, konzeptuelle Verbindung geben.

Eberle: Natürlich. Wobei für uns der Typus selbst eine Möglichkeit zur Optimierung darstellt. Je größer ein Haus wird und je öffentlicher es ist, desto mehr legitime Ansprüche bestehen an dieses Gebäude. Die Frage, auf die wir mit unseren Wohnbauten eine Antwort zu geben suchen, lautet daher immer wieder: Welcher Typus entspricht diesen legitimen Ansprüchen am besten?

Baumschlager: Sie haben gesagt, daß Sie vor zehn Jahren den Eindruck hatten, in Vorarlberg gibt es außer dem Einfamilienhaus nur noch eine akzeptierte Wohnform, nämlich den verdichteten Flachbau bzw. die Reihenhausanlage. Das hat sich aufgrund der Verknappung von Boden-Ressourcen und den damit verbundenen Mehrkosten drastisch geändert. Heute ist auch der Geschoßwohnungsbau eine respektable Angelegenheit, denn das Reihenhaus ist sowohl vom Landverbrauch als auch vom ökonomischen Niveau her an einer Grenze angelangt. Und in dieser Entwicklung ist letztlich die Ursache dafür begründet, daß Bauträger und Genossenschaften bereit waren, mit uns zusammenzuarbeiten. Im Hintergrund dieser ganzen Entwicklung in Richtung neuer Lösungen steht natürlich die Explosion des Bodenpreises. Andererseits ist mit dieser Entwicklung aber auch eine kulturelle Frage verbunden, die Frage nach den architektonischen Wertvorstellungen und der Haltung. Wir haben uns schon immer geweigert, bereits in den achtziger Jahren, diese vordergründige Form

Baumschlager: You said ten years ago you had the impression that, other than detached family houses, the only acceptable housing form was small, low apartment buildings, or row houses. Due to the decrease of land resources, and therefore the increase in land costs, the larger, multi-level apartment building has become respectable and the row house, because of land use and economy, has reached the limit of its viability. Due to these developments developers and co-op groups were willing to talk to us. In the background of these developments, of course, is the explosion of the price of land. On the other side, there is a cultural question connected to these developments; the question of architectonic moral concepts and attitudes. We have always refused, even in the 80s to take part in the superficial form of regionalism. Only earlier, the values our architectural language transported were not socially accepted.

Eberle: Since the beginning, our work with housing has not only been concerned with economy, but also the question of social acceptability. In the framework of our work we have come to the conclusion that there are marginal conditions that cannot be ignored if we want to make simple architecture for simple people, but with the standards for which we have always stood. I would like to name two of these marginal conditions: The first concerns the system, because in reality it is not possible for the lower class to experiment, especially economically. The second concerns the quality of surface, and the maintaining of certain standards, which for, the so to say, normal people is important for social identity.

Do you discuss much with your client such fundamental questions that inevitably, even if indirectly, influence your architectonic design? I could imagine that because of the shift from private people and co-op groups as clients, to big developers, a type of censorship has occurred.

Baumschlager: Fundamentally one can take one of two contrary positions concerning this discussion. Either you feel so close to a vision, a utopia, a certain future, that you inevitably break apart in the face of reality, or else you see a vision or utopia that you can appoach with small steps that in reality are feasible. Building is a collective process

von Regionalismus mitzumachen. Nur wurden früher die Werte, die wir mit unserer Architektursprache transportieren, gesellschaftlich nicht akzeptiert.

Eberle: Uns hat am Wohnbau von Anfang an nicht nur das Thema der Ökonomie interessiert, sondern auch die Frage nach der sozialen Verträglichkeit. Und wir sind im Rahmen unserer Arbeit schließlich zu der Einsicht gelangt, daß es Randbedingungen gibt, die man nicht wegdiskutieren kann, wenn man einfachen Wohnbau für einfache Leute machen möchte, aber mit den Standards, die wir immer vertreten haben. Zwei dieser Randbedingungen möchte ich nennen: Die eine betrifft die Organisationsform, denn in Wirklichkeit ist es für sozial schwache Schichten nicht möglich, Experimente, speziell ökonomische Experimente, einzugehen; die zweite betrifft die Qualität der Oberfläche, die Einhaltung gewisser Standards, die für die soziale Identitätsfindung dieser sozusagen „normalen" Bevölkerung sehr wichtig ist.

Reden Sie über so grundlegende Fragen, die sich ja zwangsläufig, wenn auch indirekt, auf den architektonischen Entwurf auswirken, manchmal mit Ihren Bauherren? Ich könnte mir vorstellen, daß sich in dieser Hinsicht synchron mit dem Wechsel vom privaten Auftraggeber bzw. der privaten Eigentümergemeinschaft hin zu den großen Bauträgern eine Zäsur ergeben hat.

Baumschlager: Man kann in dieser grundsätzlichen Diskussion zwei konträre Positionen vertreten. Entweder fühlt man sich der Vision, der Utopie, der Zukunft so sehr verpflichtet, daß man unausweichlich an der Realität scheitert, oder man sieht zwar diese Vision oder Utopie, begnügt sich aber mit einem Schritt, der in der Realität gerade noch machbar ist. Bauen ist ein kollektiver Prozeß und nicht die Angelegenheit eines singulären Architekten. Zur Realisierung eines Bauvorhabens braucht man viele Leute, man braucht Ressourcen und Kapital. Es gibt nur wenige Produktionsprozesse, die von vergleichbar vielen Entscheidungsträgern abhängen. Und natürlich ist es so, daß alle diese Entscheidungsträger sehr unterschiedliche Perspektiven und Positionen einbringen. Als Architekt kann man sich nur auf eine der beiden Ausgangshaltungen zurückziehen: Entweder auf die Vision oder auf den Schritt in die richtige Richtung, soweit es eben möglich ist. Letzteres ist unsere Position. Denn bei aller Utopie und Vision bleibt die Realität doch das wichtigste Moment, die Realität werden wir nicht abschaffen können.

and not just a matter of one architect. To realize a building you need many people, as well as resources and capital. There are very few production processes which are dependent on so many different factors. Therefore it's natural that all the different people involved bring different positions, perspectives, and attitudes into the picture. As an architect you must choose one position or the other: either the vision or the steps in the right direction, as far as it is possible. Our position is the latter. With every utopia or vision the reality remains the most important moment. We won't be able to do away with reality.

WOHNHAUS BEGLE IN LOCHAU
RESIDENTIAL BUILDING BEGLE IN LOCHAU

1986

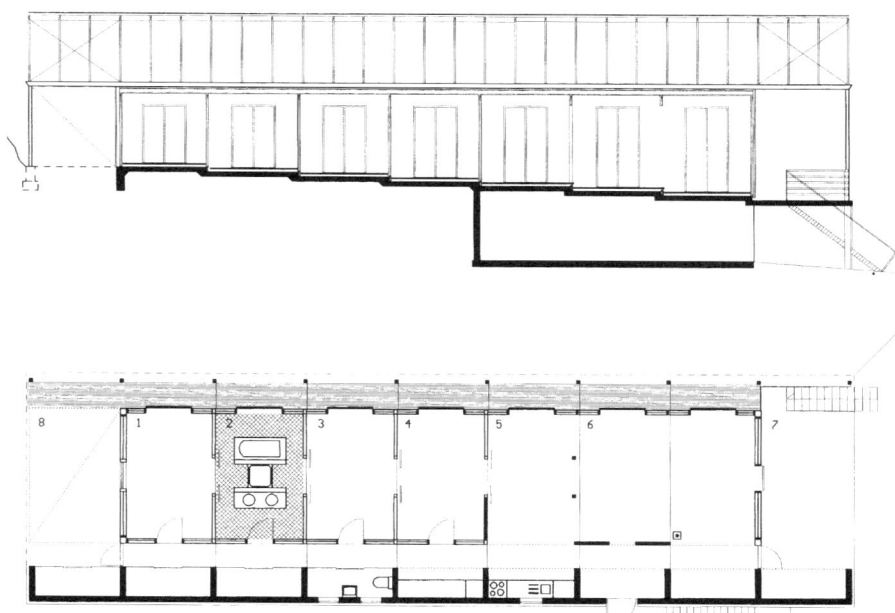

Ein Haus, das mit dem Thema Garten etwas zu tun hat – der Bauherr ist leidenschaftlicher Gärtner –, bei dem es aber auch darum ging, dem Wunsch nach einem gewissen Anteil an Eigenleistung zu entsprechen, obwohl der Bauherr nicht über qualifizierte handwerkliche Fähigkeiten verfügt. Daher gibt es diese Struktur aus einer hinteren Wandschicht, Dach und Stützen, in die man eigentlich beliebig hineinbauen konnte, auch sehr witterungsunabhängig. Außerdem an diesem Haus interessant: Es ist praktisch ein Ein-Raum-Haus. Die konventionelle Zimmerstruktur des Einfamilienhauses gibt es zwar – und jedes dieser Zimmer hat sogar einen eigenen Ausgang zum Garten –, aber alle Räume können auch ganz geöffnet werden, sodaß schließlich ein einziger großer Raum übrig bleibt.

The theme of the garden contributed to this house – the owner is an enthusiastic spare-time gardener. At the same time, the idea was to meet the owner's wish to contribute to construction himself, although he is not an experienced craftsman. For this reason, a structure was devised, comprising the back wall, the roof and the columns, into which any elements could be inserted while remaining weather proof. Another interesting feature is that it basically is a one-room house. While the conventional room structure of a detached family home is maintained with each of the rooms having its own door leading to the garden, all rooms may also be opened up to each other, creating one single large space.

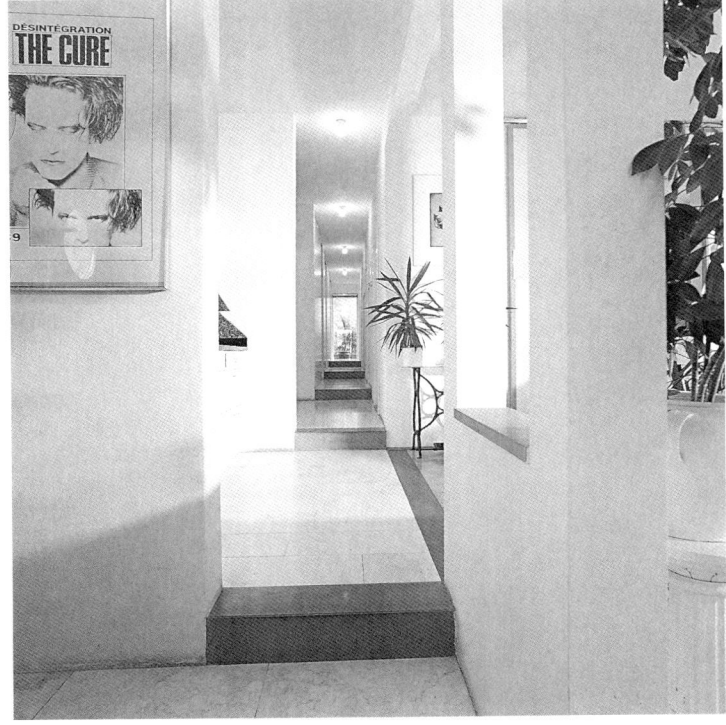

WOHNANLAGE „AGIP" IN LOCHAU
HOUSING PROJECT AGIP IN LOCHAU

1986–1988

Eine terrassierte Hangsiedlung in besonders reizvoller Lage: Im Rücken der Bregenzerwald und nach vorne ein spektakulärer Ausblick auf den Bodensee. Ganz so ideal ist es dann aber auch wieder nicht, weil das Grundstück vom Seeufer durch die recht lautstarke Barriere einer verkehrsreichen Straße und eines Schienenstrangs abgeschnitten ist. Es ging also darum, den Verkehrslärm durch minimale, aber intelligente Maßnahmen abzuschirmen und den Ausblick zu erhalten. Das haben die Architekten durch ein als Atrium ausgebildetes Sockelgeschoß erreicht, in dem Büros und Gewerbe untergebracht sind und das für Distanz zwischen Straße und Wohnebene sorgt. Dieses Sockelbauwerk mit seiner effektvollen Fassade setzt sich auch optisch von den schlichten, übereinander gestaffelten Wohnkuben ab, die sich den Hang hinauf ziehen. Das wesentliche Charakteristikum dieser Wohnanlage ist ihr dichtes Neben-, Hinter- und Übereinander kleinteiliger Kuben, von Vor- und Rücksprüngen, von Höfen, Terrassen, schmalen Erschließungen. Die Wirkung der Anlage ist dadurch beinahe mediterran, wiewohl sie auch deutlich Urbanität demonstriert. Denn sie ist dicht, verhält sich aber gleichzeitig gegenüber der sehr unterschiedlichen Umgebung nicht uniform, sondern differenziert: Nach der einen Seite Offenheit, gegenüber einem unliebsamen Nachbarn reservierte Distanz usw. Als Paraphrase auf diese Urbanität könnte man auch die hohen, minimierten Stahlgerüste lesen, die scheinbar auf die Form eines Hauses mit Satteldach anspielen und ein wenig die Rolle des signifikanten architektonischen Zeichens nach außen übernehmen.

A terraced housing project in a particularly attractive hillside location: in the back, the green expanse of the Bregenzerwald; in front, a spectacular view of Lake Constance. However, this is not altogether a fairy tale spot because the lot is cut off from the lakeside by a noisy thoroughfare and a railway line. Thus, the task lay in absorbing the traffic noise by means of non-invasive but intelligent measures while at the same time preserving the view. The architects attained this objective by designing an atrium-type basement, with offices and workshops creating a certain distance between the road and the apartment level. This basement, with its distinguished facade, also provides a clear visual contrast to the simple, layered apartment houses extending uphill. The essential characteristic of this housing development lies in its dense arrangement of small-scale cubes, projections and recesses, courtyards, terraces, and narrow walkways, all in various relations to each other. This endows the housing development with an almost Mediterranean quality while clearly assuring its urban character. The development is dense, yet reacts to its varied surroundings in different manners: openness on one side, cool distance vis-à-vis an unloved neighbor on the other side, etc. Moreover, the high, minimized steel structures, which seem to allude to the shape of a saddleback-roof house and to a certain extent assume the role of a significant architectural gesture towards the outside, may appear to paraphrase this urban appeal.

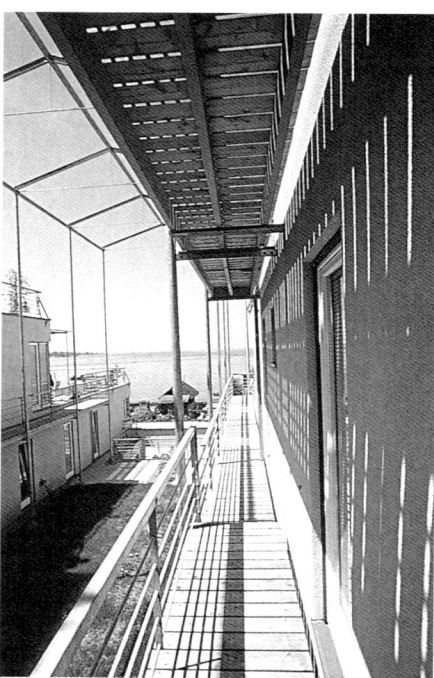

Die Siedlung umfaßt insgesamt nur 37 Wohneinheiten mit einer Größe zwischen 90 und 130 m² Nutzfläche. Durch ihre praxisbezogene Entwurfshaltung und die – bei aller Sachlichkeit – sehr heutige Umsetzung in formaler Hinsicht ist es den Architekten aber gelungen, damit ein wichtiges Statement in der Vorarlberger Wohnbaudebatte der späten achtziger Jahre zu realisieren. Auf dem (Um)Weg vom Einfamilienhaus über den verdichteten Flachbau bzw. das Reihenhaus hin zum Geschoßwohnungsbau markiert die Wohnanlage Agip einen Meilenstein.

In total, the housing development consists of only 37 apartment units with a usable floorspace of 90 to 130 m² each. The pragmatic approach to the design and its very contemporary formal implementation (despite the no-nonsense concept) have, however, enabled the architects to present an important contribution to the late 1980s discussion on how to construct housing projects in Vorarlberg. On the grand tour (or detour) from detached family houses to dense housing blocks or terraced housing to single-story apartments, the Agip development certainly functions as a landmark.

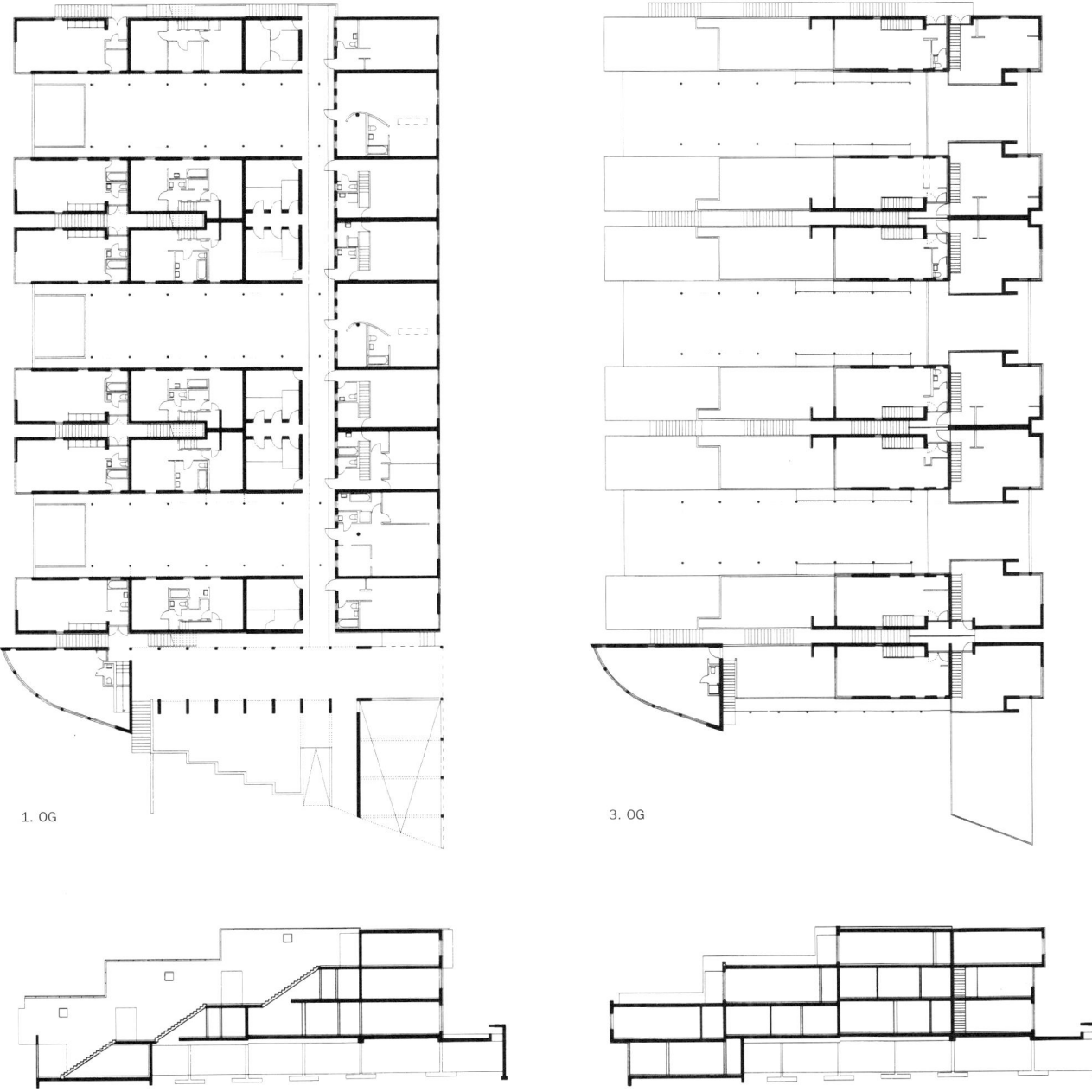

1. OG

3. OG

WOHNHAUS ROHNER IN FUSSACH
RESIDENTIAL BUILDING ROHNER IN FUSSACH

1991–1992

Dieses Hauses hat eigentlich etwas mit dem Problem der Verwertung von „Restflächen" zu tun, denn das Haus steht im Garten der Eltern des Bauherrn. In dieser speziellen Situation ging es also darum, eine Architektur zu entwickeln, die sich sprachlich eher zurückhält, die aber zum Garten eine sehr intensive Beziehung aufbaut. Das Haus ist der Versuch, Räume bzw. Volumen zu bilden, die allen klimatischen und anderen bauphysikalischen Problemen Rechnung tragen, die aber zum Garten hin sehr offen sind, die sich „hinausbewegen". Die formbestimmenden Elemente dieses Entwurfs sind daher gartenbezogen: Das Thema war im Grunde eine Mauer – Dachkonstruktion und Wand sind als Gartenmauer aufgefaßt – und der Garten, aber auch die Frage, wie man das geforderte Volumen so auflösen kann, daß Räume entstehen, die eine unaufdringliche und entspannte Beziehung zur vorgefundenen Situation aufnehmen.

Basically, the design for this house proposes a solution to the problem of "leftover" space as it is situated in the garden of the owner's parents. In this particular situation, the objective was to develop a somewhat discrete architecture while at the same time creating a very intense relationship with the garden. The house is an attempt to produce spaces or volumes that would take technical issues such as climatic problems, construction, and statics into account while "reaching outward" in an orientation toward the garden. The formal elements of this design are therefore closely related to the garden: essentially the theme of the project was a wall and the garden – the roof, and its vertical supports constitute the garden wall. Additionally, the architects carefully considered the question of how the required volume could be dissolved in such a way as to create spaces that enter into an unobtrusive and relaxed relationship with the given background situation.

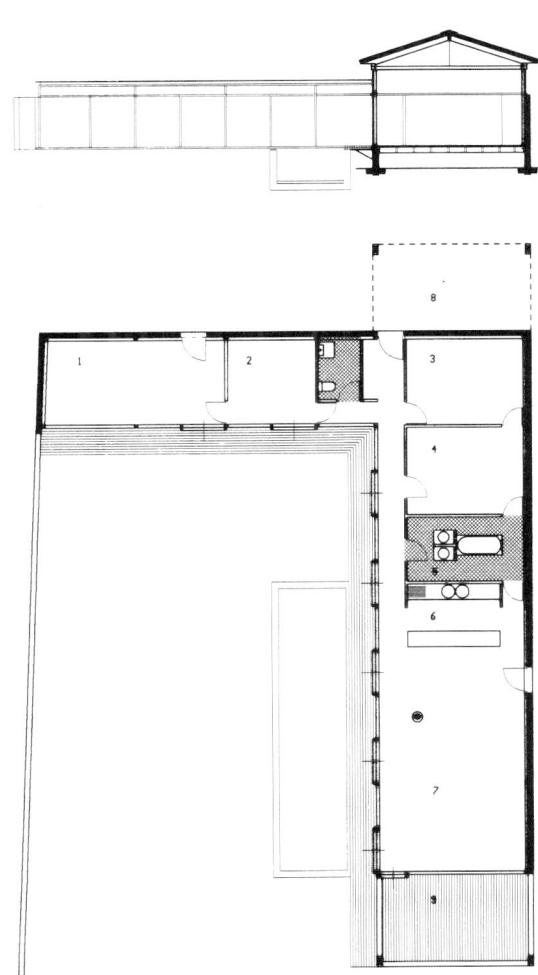

1	MUSIKZIMMER	MUSIC ROOM
2	ARBEITSZIMMER	OFFICE
3	ZIMMER	ROOM
4	ZIMMER	ROOM
5	BAD	BATHROOM
6	KOCHEN, ESSEN	COOKING, DINING
7	WOHNEN	LIVING
8	AUTOUNTERSTELLPLATZ	PARKING SPACE
9	TERRASSE	PATIO

GEWERBLICHE BERUFSCHULE IN BREGENZ
VOCATIONAL SCHOOL IN BREGENZ

1992–1995

Es ging darum, auf einem relativ beengten Grundstück unmittelbar neben der Bahn einen großen Werkstättentrakt zu planen, außerdem den viel zu kleinen Klassentrakt zu erweitern. Die Architekten konnten den Wettbewerb des Jahres 1991 mit einem Projekt für sich entscheiden, das als einziges die Werkstätten in einem langen, auch als Schallschutzwand gegenüber der akustischen Beeinträchtigung durch die Bahn konzipierten Trakt übereinander stapelte. Dieser Werkstättentrakt ist 128 m lang, fünf Geschosse hoch und dem bestehenden Bau Richtung Westen, entlang der Bahnlinie, vorgeschoben. Als Verbindung zwischen (altem) Klassentrakt und (neuem) Werkstättentrakt nutzten die Architekten das zweigeschossige Eingangsbauwerk des Bestands, in dem jetzt auch die Funktionen eines großen Mehrzwecksaals und ein einladender Aufenthalts- und Kommunikationsbereich mit Café untergebracht sind. Dadurch hat die Anlage nun die Form eines U, sie ist also als ein Volumen lesbar und der eigentliche Schulhof somit akustisch vom nahen Bahngeleise abgeschirmt. Die Fassaden der Bauteile präsentieren sich differenziert: Der Anbau an den alten Klassentrakt hat eine grüne Eternit-Fassade, das Verbindungsbauwerk eine leuchtende Haut aus Kupferblech, der Werkstättentrakt hat eine Glasfassade, die zur Bahn hin mit einer vorgesetzten Schicht aus Aluminiumlamellen überzogen ist, an der Hofseite hingegen zweischalig gelöst wurde – mit einer Art gläsernem Schuppenpanzer. Die Erschließungsgänge liegen im Werkstättentrakt in den Obergeschossen alle bahnseitig, nur im Erdgeschoß, wo die direkte Zufahrtsmöglichkeit gebraucht wurde, sind sie hofseitig situiert.

The task of this project was the planning of a large workshop wing on a relatively cramped site situated directly beside the railway line, as well as the expansion of the undersized classroom wing. The architects won the competition organized in 1991 on the strength of a project which, as the only one of those submitted, stacked the workshops in a long wing conceived as a sound barrier between the railway and the rest of the building. The workshop wing is 128 m long, has five stories, and is situated in front of the existing building towards the west, stretching along the railway line. The architects used the existing two-story entrance block as a connection between the (old) classroom wing and the (new) workshop wing. This block now also functions as a spacious multi-purpose hall and offers an inviting lobby and communication zone with a cafeteria. This gives the whole building a U-shape, making it perceivable as one volume, with the school courtyard protected against the railway noise. The facades of the wings have different appearances: the annex to the old classroom wing has a green Eternit front, the connecting block is clad with a bright layer of copper and the workshop wing boasts a glass facade. On this facade, aluminium louvers are hung on the side facing the railway while the side facing the courtyard has a kind of "glass-scale armor". The connecting corridors situated in the workshop wing, face the railway line in the upper floors. On ground level, where a direct access road was needed, the corridors face the courtyard. A technical zone with service shafts adjoins the corridors.

Eine technische Versorgungszone mit den Installationsschächten schließt an die Gänge an. Die Werkstätten und Unterrichtsräume selbst sind 12 m tief. Interessant das statische Konzept: Tragend sind die Pendelstützen an der Hofseite und die Installationsschächte, während die Erschließungsgänge auskragen. Alle Zwischenwände im Werkstättentrakt wurden in Leichtbauweise errichtet, sodaß eine flexible Reaktion auf geänderte Bedürfnisse möglich ist.

The workshops and classrooms have a depth of 12 m. The structural concept is interesting with pin columns facing the courtyard and service shafts function as load-bearing elements, from which the connecting corridors are cantilevered. All partition walls in the workshop wing are made of lightweight material to allow flexible use due to changing requirements.

EG 1 : 500

GEMEINDESAAL IN MÄDER
COMMUNITY HALL IN MÄDER

1991–1995

Der J. J. Ender Saal bildet die markante „kulturelle" Mitte der Vorarlberger Ortschaft Mäder. Die Architekten haben die Anlage praktisch in zwei eigenständige Baukörper aufgegliedert, die aber geschickt miteinander verklammert sind. Der kleine, weiß geputzte Kubus des Kopfbaus mit dem Haupteingang beinhaltet neben der Erschließung auch einen Veranstaltungsraum für 90 Personen, der eigentliche Veranstaltungssaal für 470 Personen – mit einer über 160 m² großen Bühne – ist als langgestreckter, schwungvoll gerundeter Baukörper ausgebildet, im Kellergeschoß sind Proberäume, Garderoben und eine Bar. Der bauchige Korpus des großen Saals besteht konstruktiv aus einem Spalier regelmäßig aufgefächerter Stahlprofile. Seine komplizierte Form mit der markanten Rundung vorne, den nach oben „auseinanderfallenden" Wänden und der gewölbten Decke resultiert aus dem Bemühen, akustische Voraus-setzungen zu schaffen, die für Sprechtheater genauso wie für Konzerte geeignet sind. Ein Oberlichtband, das zwischen Decke und Wand eingeschnitten ist, sorgt für gute natürliche Belichtung, kann aber auch abgedunkelt werden und ermöglicht vor allem eine Sichtverbindung nach draußen und auf die Berge, ohne aber die Geschlossenheit des Saals zu beeinträchtigen.

The J. J. Ender Hall establishes a "cultural" center of the Vorarlberg town of Mäder. The architects have basically divided the building into two independent volumes which are then cleverly connected. The small, white stucco cube-like volume, contains the main entrance as well as a multi-function room for approximately 90 people. The main building volume, containing a hall for 470 people with a 160 m² stage, has a sweeping, rounded form. The cellar of this building contains a bar, wardrobes, and rehearsal rooms. Constructively, the bulbic volume of the main hall, is comprised of a regularly spaced series of steel sections. The complicated form of this volume, in the front with its tilting walls and vaulted ceiling, is a result of creating optimal acoustic conditions for both theater as well as concerts. Strip windows between the wall and ceiling assure a good level of natural light in the interior as well as providing a view to the outside and the nearby mountains without affecting the necessary „closed" nature of the room. When needed the hall can be made completely dark. The rounded form of the front stage area is not repeated on the back side where the clear section resembles more the smaller cube-like building. The building must be flexible and usable for a variety of events of different nature and size.

Der gerundete Bühnenraum an der Schmalseite vorne wird an der Rückfront übrigens nicht wiederholt: Ein klarer Schnitt nimmt hier eher das Motiv des Erschließungskubus auf. Das Haus mußte relativ variabel nutzbar sein – für Veranstaltungen unterschiedlichster Art und Größe. Daher erfolgte die Verbindung zwischen Kopfbau und großem Veranstaltungssaal durch die verglaste Spange eines langgestreckten Foyers: Auch wenn der Saal mithilfe einer Schiebewand verkleinert ist, kommt man über dieses Foyer immer direkt zum jeweils benutzten Saalteil. Der Gemeindesaal Mäder ist ein gelungenes Beispiel für „zeitgenössisches Bauen in der Region", das neben der baukünstlerischen Ambition der Architekten auch der sozialen Verträglichkeit einer solchen formalen Botschaft Rechnung trägt.

The connection between the entrance building and the large hall is a long drawn out glass foyer. Even when the large hall is made smaller with the help of sliding partitions, one can still enter directly from the foyer into the hall. The community hall in Mäder is a successful example of contemporary architecture in the region with a fine balance between artistic ambitions of the architects and the social acceptability of the community.

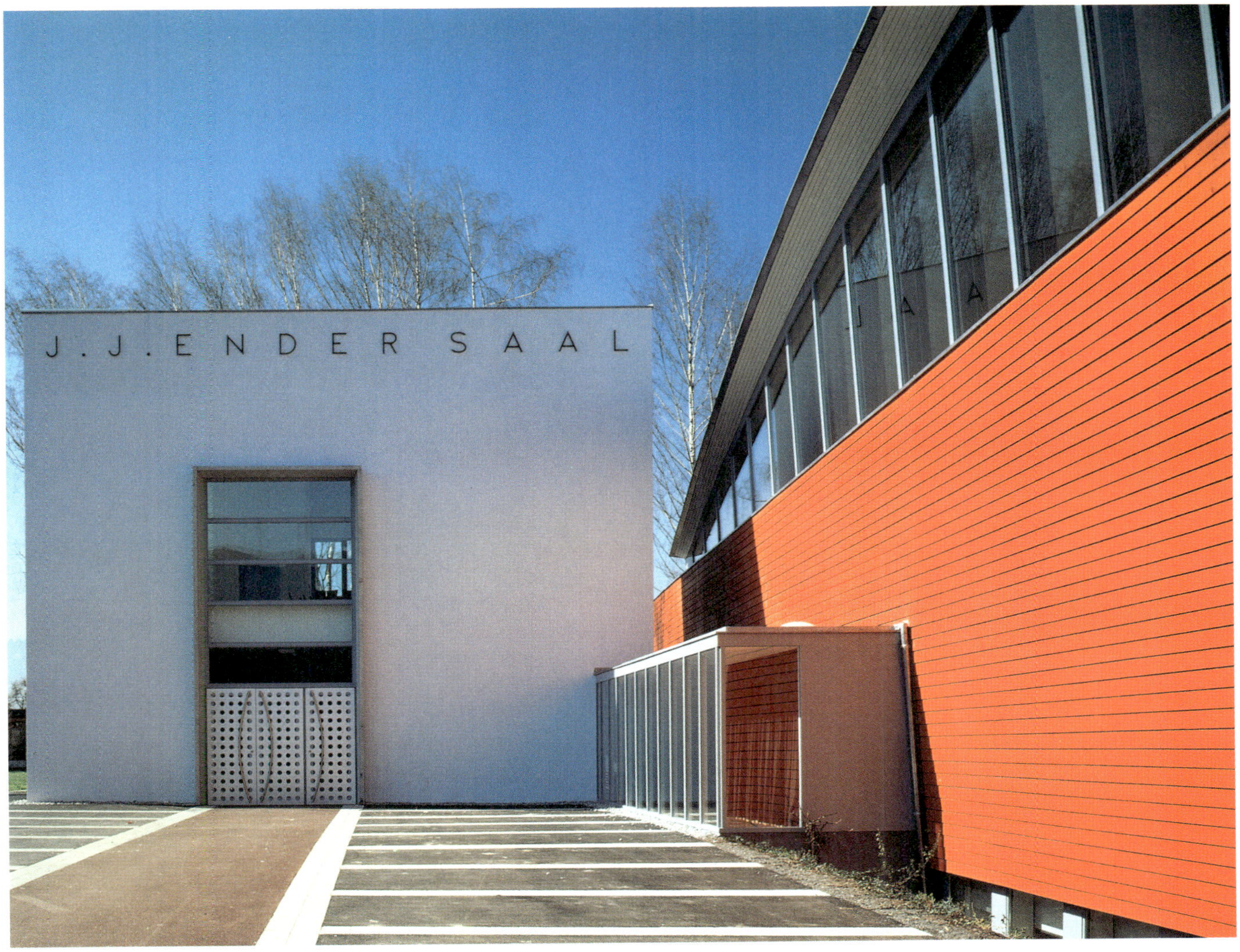
J.J.ENDER SAAL

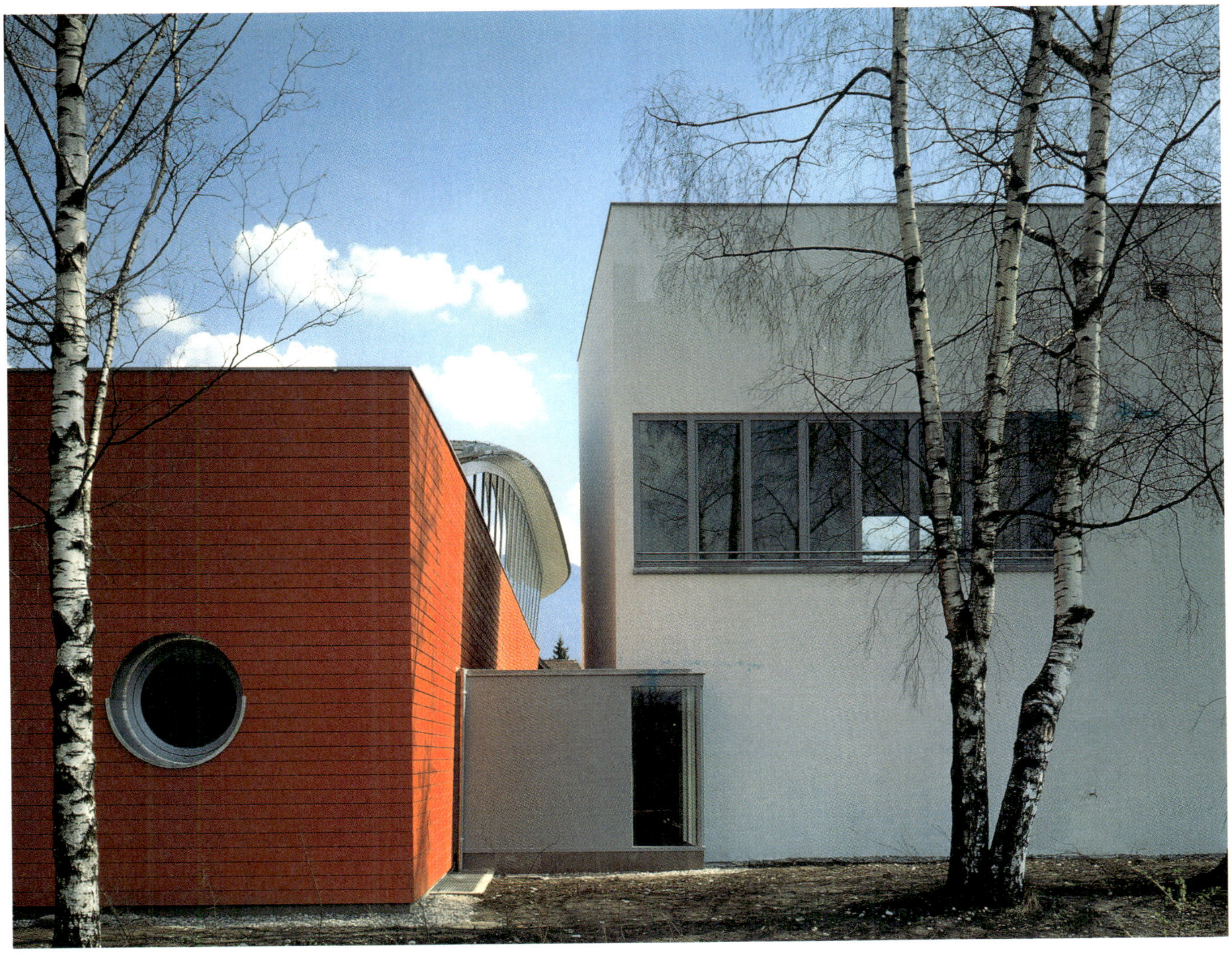

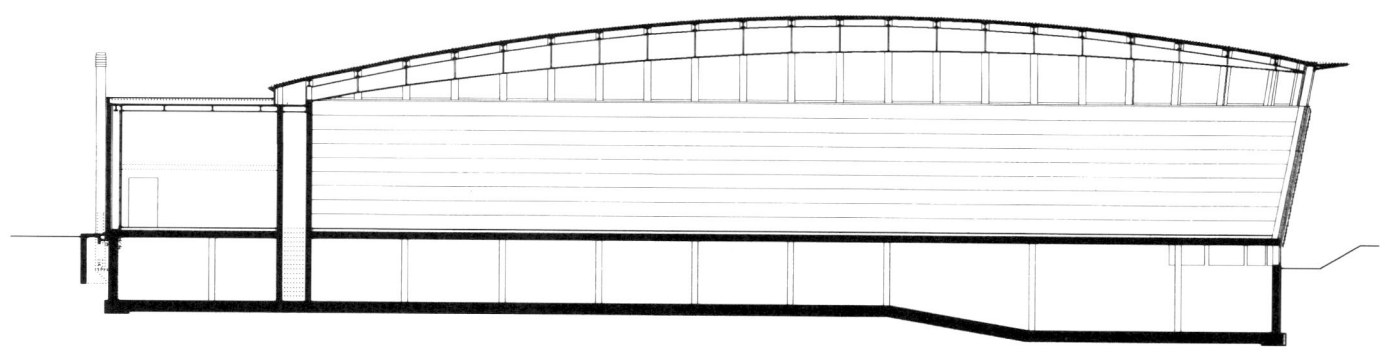

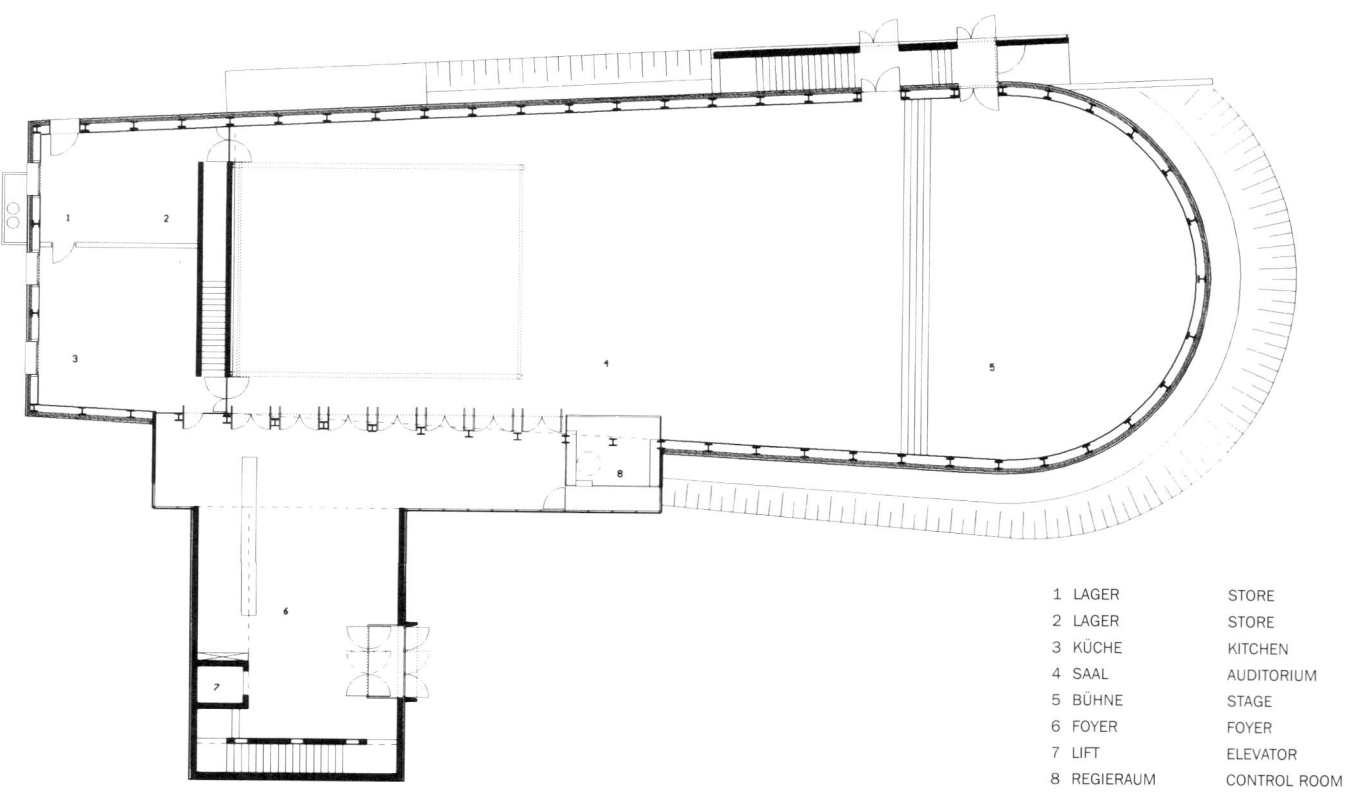

1 LAGER	STORE
2 LAGER	STORE
3 KÜCHE	KITCHEN
4 SAAL	AUDITORIUM
5 BÜHNE	STAGE
6 FOYER	FOYER
7 LIFT	ELEVATOR
8 REGIERAUM	CONTROL ROOM

REITSTALL FISCHER IN BREITBRUNN
INDOOR RIDING ARENA FISCHER IN BREITBRUNN

1991–1992

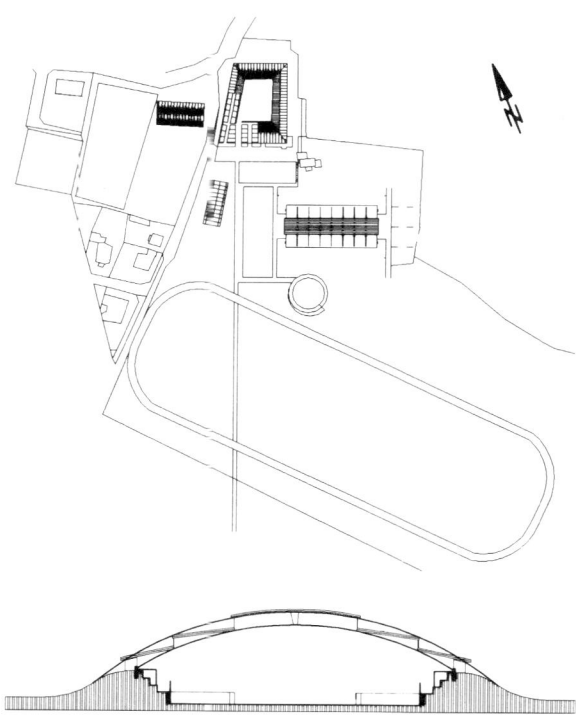

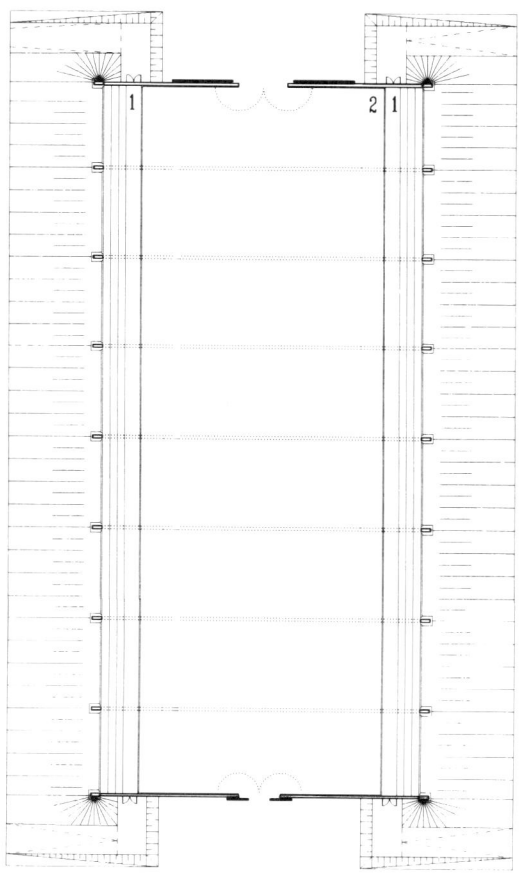

Das Gelände umfaßt insgesamt 15 Hektar mit einer Reithalle, einem Turnierplatz, einer Trabrenn-Trainings-bahn und fünfzig Ställen. Das Niveau der Anlage wurde um einen Meter abgesenkt und darauf wurden die Halle und der Reitplatz errichtet. Dadurch entstanden begrünte Terrassen, die mit den gepflasterten Wegen und Plätzen eine völlig neu gestaltete Außenanlage ergeben. Die Halle hat die Abmessungen 60 mal 20 m und wurde in einer Betonkonstruktion aus gebogenen Dreigelenksbindern errichtet, die eine Spannweite von 27,4 m haben. Diese Binder sind im Abstand von 7,6 m aneinandergereiht und in der Mitte der Länge nach um einen Meter überhöht. Die Aussteifung der Halle erfolgte in den Endfeldern durch eine Stahlrahmenkonstruktion. Die gesamte Binderkonstruktion steht auf einem Lößboden auf Einzelfundamentwiderlagern, die mit dem Aushubmaterial beschwert sind. Für die seitlichen Außenwände sowie den Tribünenboden wurde ebenfalls das Aushubmaterial verwendet. Die Stirnwände sind in Holzriegel-konstruktion ausgeführt und haben große Schiebewände als Tore. Die natürliche Belichtung der Halle erfolgt über Lichtbänder, die durch Absetzen der Dachfelder entstanden. Insgesamt trägt der Entwurf der Topographie des schönen, baum-bestandenen und zur Rennbahn hin sanft ansteigenden Geländes sehr weitgehend Rechnung. Durch die Umgestaltung des Areals und den Neubau der Reithalle entstand ein reizvolles und großzügiges Parkgelände.

The site consists of a total of 15 hectars with an indoor riding arena, a show jumping area, a trotting course for training purposes and fifty stables. The ground level of the structure was lowered by one meter: the indoor riding arena as well as the show jumping arena were constructed on this surface, which resulted in green terraces that together with the paved paths and squares create a totally new appearance. The arena is 60 m long and 20 m wide and is covered with a concrete structure of three-hinged girders with a span of 27,4 m, spaced 7,6 m from each other. The lateral stability is achieved by means of steel cross bracing in the end bay. The entire girder structure is borne on individual foundation footings weighted with the excavated material. The exterior of the long walls, as well as the floor of the tribune, is made using excavated material. The end walls are half frame timber construction and contain large sliding doors as gates. The natural lighting of the arena is accomplished by offsetting roof sections allowing for the addition of bands of windows in the roof, running the length of the building. In general, the design takes into full account the topographic layout of this lovely, tree-lined site which slightly ascends towards the trotting course. The refurbishing of the site and the construction of the new indoor riding arena have contributed to the creation of a charming and spacious parkland facility.

WOHNANLAGE NEGRELLISTRASSE IN LUSTENAU
HOUSING PROJECT NEGRELLISTRASSE IN LUSTENAU

1992–1994

Der lange, viergeschossige Riegel in Ost-West-Lage reagiert städtebaulich auf die Gegebenheiten vor Ort: Er markiert eine Art imaginäre Grenze zwischen einem ziemlich dicht und eher hoch bebauten Gebiet im Osten und einer lockeren, durchgrünten und auch niedrigeren Einfamilienhaus-Bebauung im Westen. Die Erschließung liegt an der Ostseite, dort schieben sich auch die charakteristischen gläsernen Stiegenhaustürme sichtbar und gliedernd aus dem langen Block heraus. Das Erdgeschoß und das erste Obergeschoß wurden kammartig formuliert: Hier springen kubische, maßstäblich an der Einfamilienhausbebauung im Westen orientierte Baukörper weit vor, französische Fenster sind über Eck in diese Kuben eingeschnitten, die Räume zwischen den Kuben werden gärtnerisch individuell genutzt. Das dritte und vierte Obergeschoß sind als langer, durchgehender Riegel wie eine Brücke über dieses Basisbauwerk gelegt und definieren so die Grenze gegenüber der wesentlich dichteren Bebauung im Osten. Im obersten Geschoß wird der Gebäudeverlauf über die volle Länge von einer Terrasse begleitet, das Flachdach kragt schützend darüber aus, so daß im Sommer für die nötige Beschattung gesorgt ist. Das Haus umfaßt 32 Wohnungen, deren Grundrisse alle so organisiert sind, daß die Orientierung nach Westen und der schöne Ausblick auf eine Bergkette Wirkung entfalten. Man betritt zunächst einen engen Vorraum und erlebt den großzügigen Wohnraum und das Landschafts-panorama dann umso mehr. Die Wohnanlage ist typologisch eine besonders interessante Lösung, wiewohl sie sich fast bescheiden zwischen Bäumen versteckt. Noble Zurückhaltung haben die Architekten auch bei der Farbgebung geübt: Die leuchtend gelben Außenjalousien sind der einzige bunte Akzent.

Urbanistically, the longitudinal, four-storey, bar-like block with its east-west orientation reacts to the local conditions: it marks a kind of imaginary borderline between the zone in the east, which is characterized by dense, rather high buildings, and the western zone, which is occupied by low detached family homes and green areas. The project is accessed from the east; this is also where the characteristic glass staircase-towers project visibly as dividers from the longitudinal block. The design of the ground floor and upper levels is reminiscent of a comb: cubic elements, whose scale blends in with that of the detached family homes in the west, project markedly; French doors occupy the corners of these cubes; the space between the cubes is taken up by individual gardens. The third and fourth stories taking the shape of a long, continuous bar, extend above this basic structure like a bridge, thus defining the borderline to the much denser urban structure in the east. On the uppermost floor, a terrace runs the entire length of the building, the flat, cantilevered roof offers protection, providing sufficient shade on hot summer days. The building consists of 32 apartments whose layouts are without exception organized so as to allow the western orientation and the lovely panorama of the mountain range to take full effect. Entering a narrow entrance hall, the visitor then steps into a spacious living-room, which renders the scenic view all the more im-pressive. Typologically, this housing presents a particularly interesting solution although it seems to hide modestly behind the trees. Regarding the color scheme of the project, the architects likewise opted for elegant restraint: the bright yellow Venetian blinds provide the only dash of colour.

1 KOCHEN COOKING
2 ESSEN DINING
3 WOHNEN LIVING
4 ZIMMER ROOM
5 BAD BATHROOM
6 WC LAVATORY
7 VORRAUM HALL
8 TERRASSE PATIO

1. OG

2. OG

Housing project Negrellistrasse in Lustenau

WOHNANLAGE EULENTOBEL IN WOLFURT
HOUSING PROJECT EULENTOBEL IN WOLFURT

1993–1995

Zwei Faktoren haben den Entwurf wesentlich bestimmt: Erstens der Zuschnitt des Grundstücks, das auf einem Osthang liegt und nach unten zu schmäler wird, und zweitens ein mächtiger Baum am höchsten Punkt des Grundstücks, den es zu erhalten galt. Die Architekten gliederten die Wohnanlage daher in zwei unterschiedlich tiefe, entsprechend dem Hangverlauf nach oben gestaffelte Häuser. Diese Häuser sind in Ziegelmauerwerk errichtet, das mit einer hinterlüfteten Lärchenholzfassade in Stülpschalung verkleidet ist. Die schlichten Baukörper mit ihren flachen, als Terrassen genutzten Dächern und den signifikanten Flugdächern enthalten insgesamt zehn Wohnungen, fünf davon als Maisonetten ausgebildet. Jede der Wohnungen verfügt entweder über einen eigenen Gartenanteil oder über eine großzügige Terrasse. Erschlossen sind die Wohnungen von der im Osten liegenden Straße her. Eine kleine Besonderheit fällt beim oberen Haus auf: Dort schieben sich tunnelartige Kuben aus dem Gebäude heraus, die außen mit Titanzinkblech und innen mit Seekiefer verkleidet sind und die Zugänge zu den Wohnungen sowie die Treppen für die oberen Wohnungen aufnehmen. Die Wohnanlage fügt sich zwar maßstäblich unauffällig in ihre disparate Umgebung aus belanglosen Einfamilienhäusern ein, durch die geradezu hermetische Schlichtheit der beiden Baukörper distanzieren sich die Häuser aber auch von ihrem Umfeld. Und was für die Bewohner wichtig ist: Durch die Staffelung der Häuser können sie eine Qualität dieser Hanglage wirklich genießen – den Ausblick auf das Rheintal.

The design was decisively determined by two factors: by the shape of the site, which is located on an eastern slope and narrows down toward the bottom, and by a large tree, which is situated at the highest point of the site and had to be preserved. For this reason, the architects divided the housing development into two buildings of varying depth which are staggered uphill, in keeping with the line of the slope. The houses are of brick masonry clad with larchwood shingles. The simple units with their flat roofscape (doubling as a terrace) and the striking raised roof sections contain a total of ten apartments, five of which were designed as maisonnettes. Each apartment has either its own small garden or a spacious terrace. The apartments can be reached via the road located on the eastern part of the site. The upper building is characterized by a peculiar feature: tunnel-like cubes extrude from the building which are clad in titanium-zinc on the exterior, and with pinewood on the interior and contain the entrances to the apartments as well as staircases leading to the upper apartments. Although the housing development, as far as its scale is concerned, merges inconspicuously with its disparate surroundings of nondescript detached family homes, the almost hermetic simplicity of the two blocks creates a manifest distance between them and their surroundings. An important point for the inhabitants: the staggered arrangement of the buildings enables them to really enjoy one advantage of the hillside position – the view of the Rhine Valley.

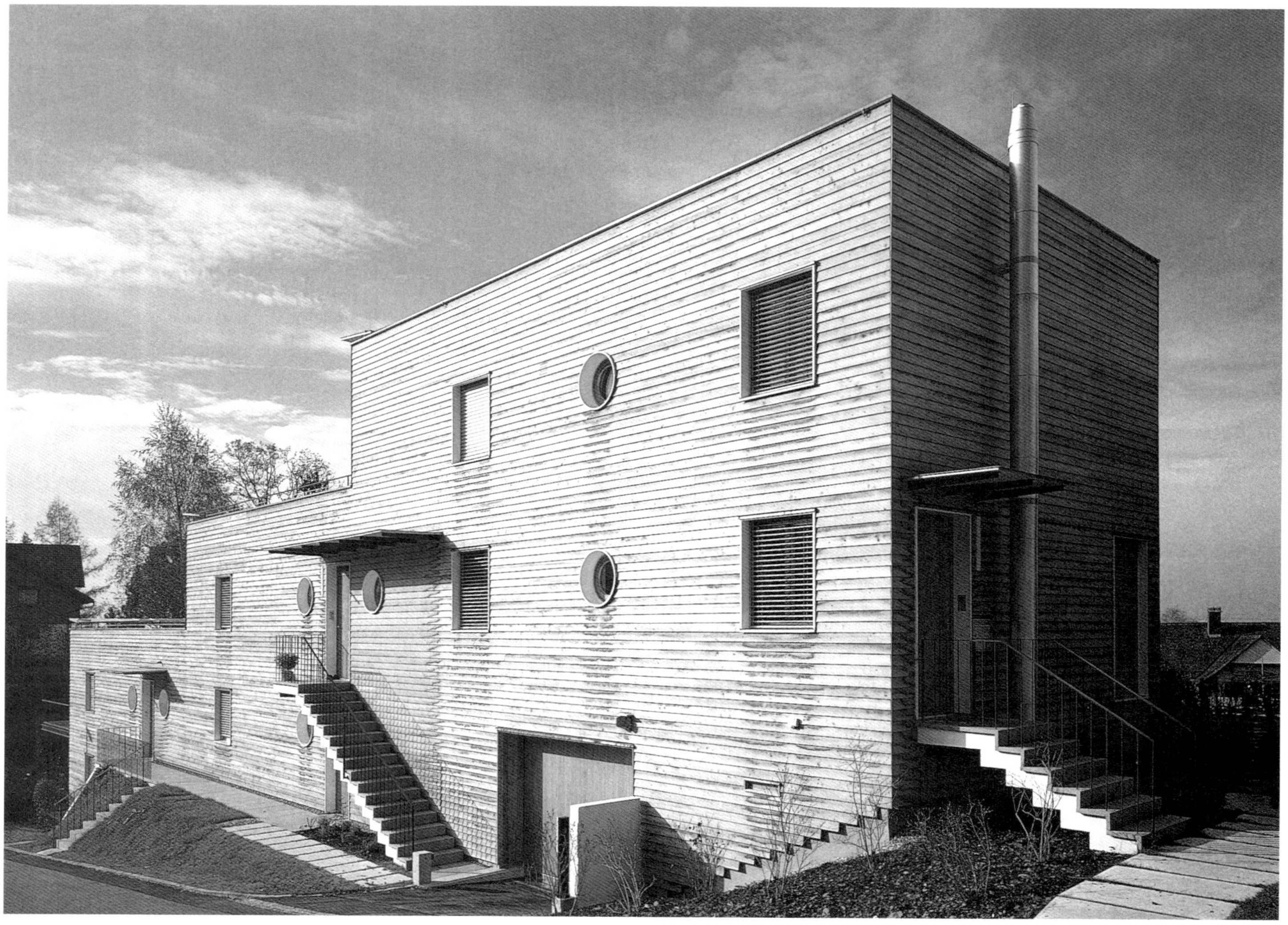

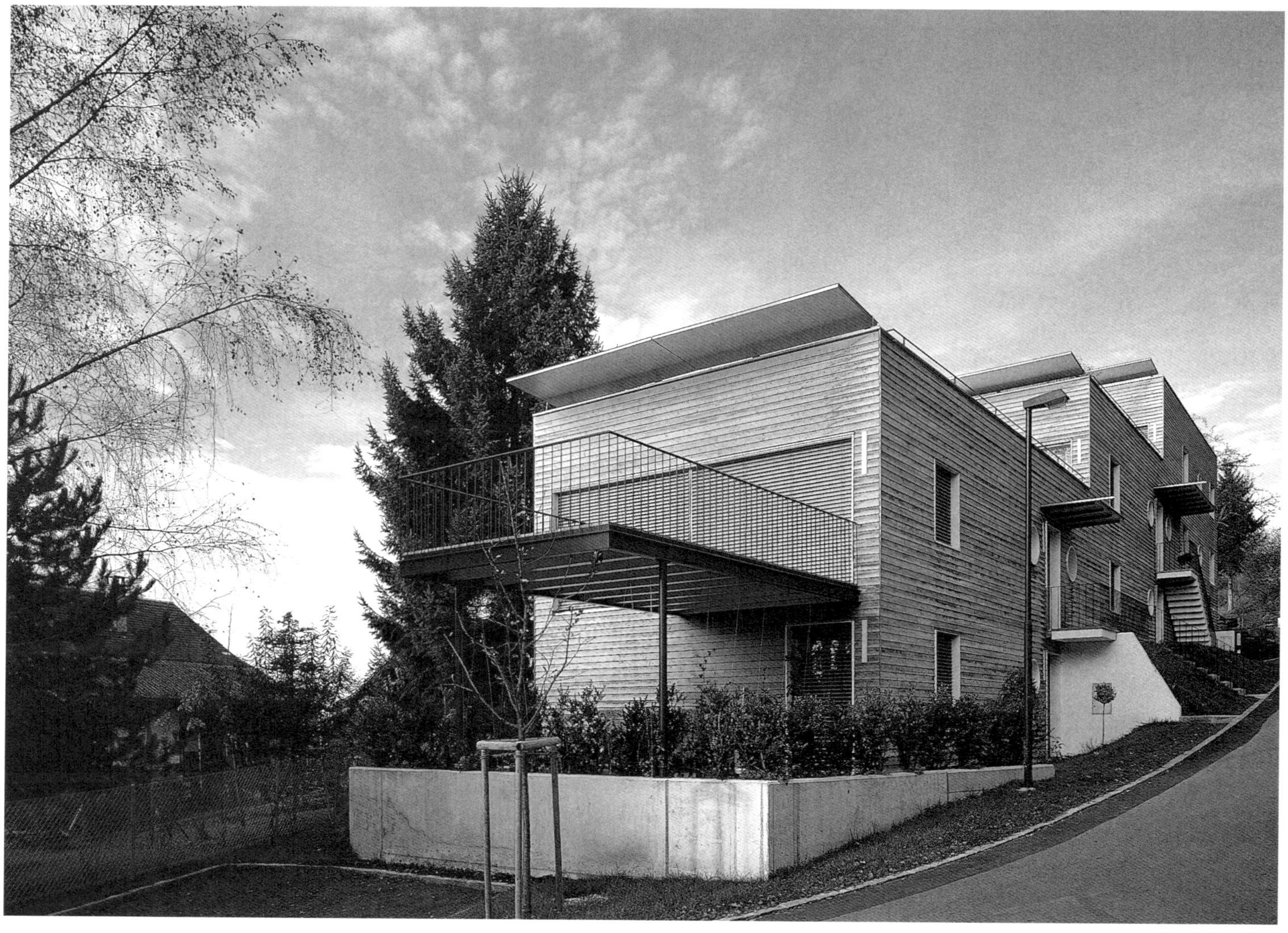

1	VORRAUM	HALL
2	KOCHEN, ESSEN	COOKING, DINING
3	ZIMMER	ROOM
4	BAD	BATHROOM
5	ZIMMER	ROOM
6	WOHNEN	LIVING
7	WC	LAVATORY

3	VORRAUM	HALL
4	ZIMMER	ROOM
5	ZIMMER	ROOM
6	ZIMMER	ROOM
7	BAD	BATHROOM
8	WC	LAVATORY

1	TERRASSE	PATIO
2	WOHNEN, ESSEN	LIVING, DINING
3	ZIMMER	ROOM
4	ZIMMER	ROOM
5	BAD	BATHROOM
6	VORRAUM	HALL
7	KOCHEN	COOKING

1	VORRAUM	HALL
2	ZIMMER	ROOM
3	ZIMMER	ROOM
4	BAD	BATHROOM
5	ZIMMER	ROOM
6	ZIMMER	ROOM

1	TERRASSE	PATIO
2	WOHNEN	LIVING
3	KOCHEN, ESSEN	COOKING, DINING

Grundriß 1 : 350

1. OG

WOHNHAUS HÄUSLER IN HARD
RESIDENTIAL BUILDING HÄUSLER IN HARD

1993–1995

Das Haus steht in einer Art städtebaulichem Niemandsland, wo sehr heterogene Vorstellungen vom Bauen und Wohnen aufeinander treffen, auch alle erdenklichen Stilrichtungen. Daher beinhaltet der Entwurf den Versuch, ein klares Verhältnis zwischen der Haltung des Hauses einerseits und dem völlig zersiedelten Umfeld andererseits zu definieren. Es ist ein introvertiertes Haus, das nur an wenigen Stellen den Willen bekundet, in Beziehung zu seiner Umgebung zu treten. Ein zweites Thema dieses Entwurfs bestand in der Folge auch im Versuch, die innenräumliche Lösung für den Bewohner so spannend zu machen, daß sich der wenig entwickelte Außenbezug nicht als Defizit niederschlägt.

The house is situated in a kind of urban no-man's-land, in a zone where very heterogeneous ideas of building and living, as well as every conceivable architectural style, meet and clash. Thus, the design embodies the attempt to define a clear relationship between the attitude of the house on the one hand and the massive suburban sprawl around it on the other hand. It is an introverted building, manifesting its willingness to interact with its surrounding in only a few places. Another theme of the design was expressed in the attempt to render the interior exciting for the inhabitants, in order to counteract the hardly developed relationship of the building with its surroundings.

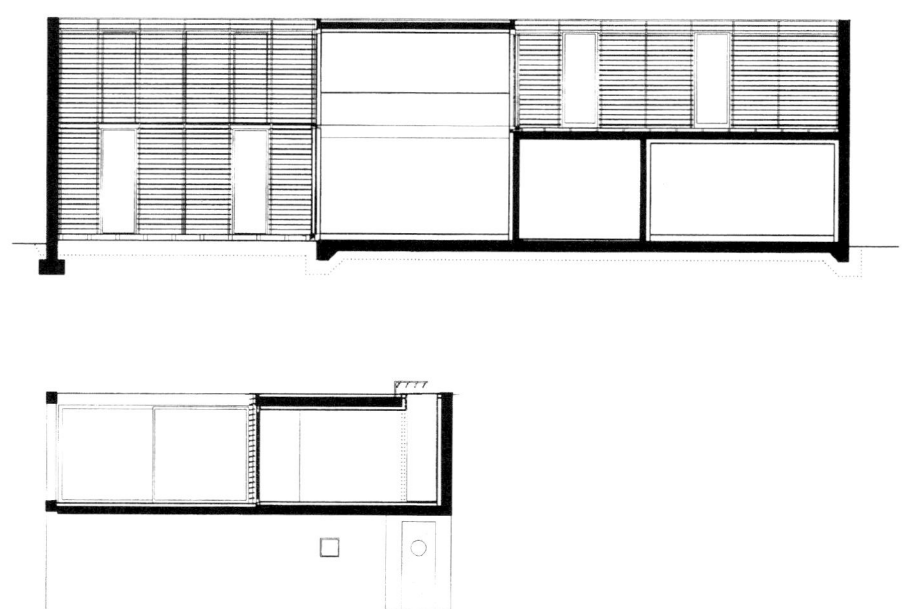

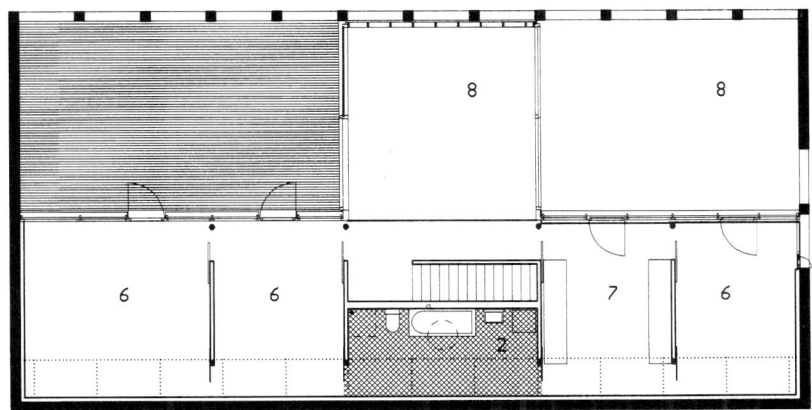

OG 1 : 200

1	EINLIEGERWOHNUNG	ATTACHED APARTMENT
2	BAD	BATHROOM
3	WC	LAVATORY
4	ESSEN, KOCHEN	DINING, COOKING
5	WOHNZIMMER	LIVINGROOM
6	ZIMMER	ROOM
7	ANKLEIDE	CHANGING ROOM
8	LUFTRAUM	OPEN SPACE
9	GARTENHAUS	PAVILLION
10	TERRASSE	PATIO

EG 1 : 200

WOHNHAUS BERNHARD BURGER IN BREGENZ
RESIDENTIAL BUILDING BERNHARD BURGER IN BREGENZ

1993–1994

Das Programm entspricht ganz den herkömmlichen Vorstellungen von einem Einfamilienhaus für eine Familie mit zwei Kindern. Das Besondere daran ist allerdings die Lage des Hauses auf einem sehr steilen Hang mit Blick auf den Bodensee. Man tritt auf der Ebene des ersten Obergeschosses ein und geht dann über eine Stiege hinauf bzw. hinunter. Die Erschließung des Hauses war also ein wichtiges Thema. Ein zweiter interessanter Aspekt dieses Entwurfs liegt im experimentellen Charakter, den das Haus nach außen demonstriert. Ein Teil der Fassade ist nämlich ganz traditionell geschindelt, ein zweiter Fassadenteil hat eine gelbe Holzfassade. Dieses Spiel der verschiedenen Oberflächen miteinander, vor allem aber das überraschende Spiel mit einem so bodenständigen Baumaterial wie den Schindeln hat einen ganz eigenen Reiz.

The program fully corresponds to the conventional perception of a detached family home for a couple and their two children. However, the special feature lies in the situation of the building on a very steep slope overlooking Lake Constance.
The visitor enters the building at the second storey, in order to ascend or descend to the upper or the lower levels. Thus, circulation between various parts of the house was an important issue. Another interesting aspect of this design lies in the experimental character of the building's exterior. Part of the facade is traditionally shingled while the other part has yellow wooden panels. This interplay between the different surfaces, as well as the surprising, playful use of very down-to-earth building materials such as shingles exudes a very special charm.

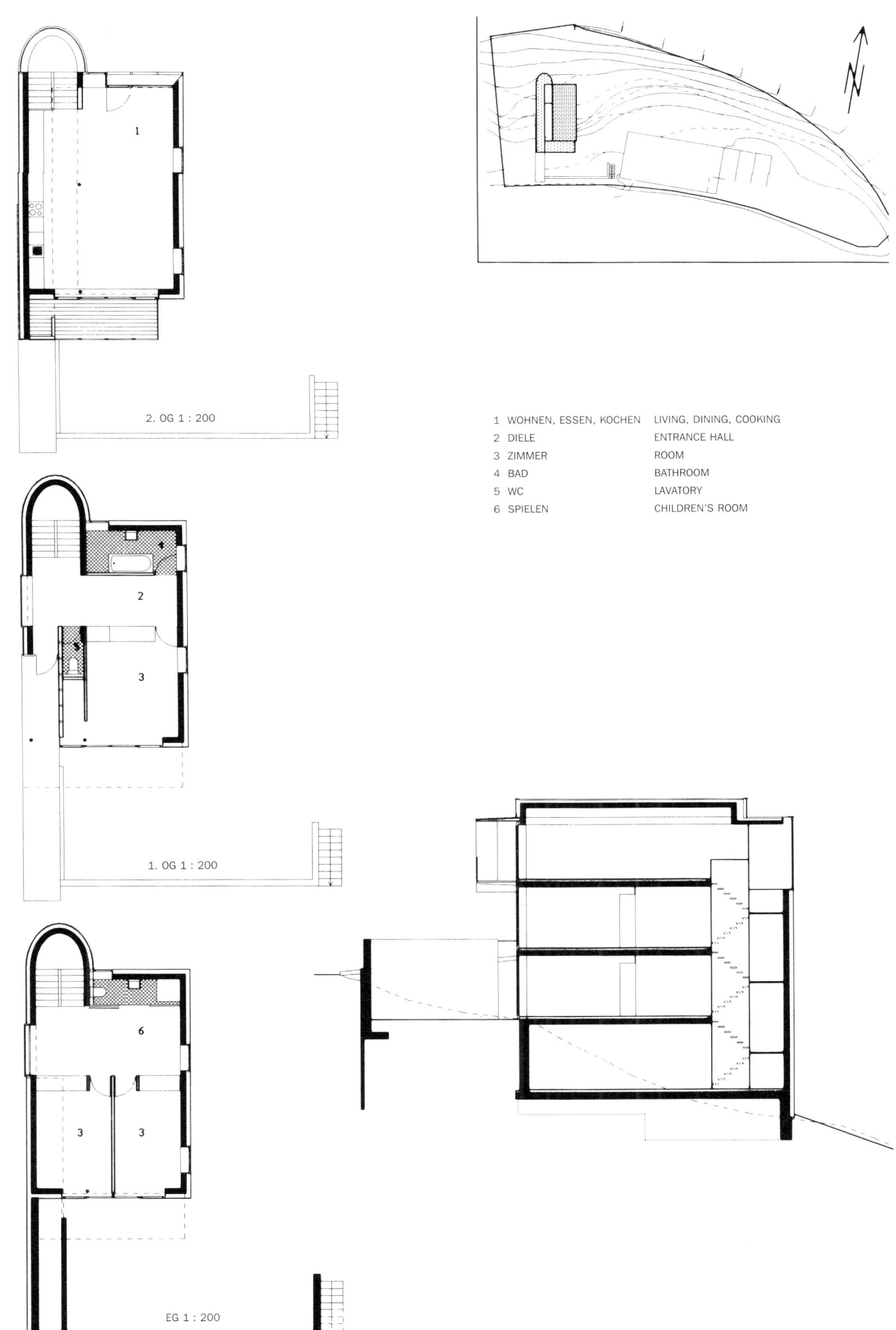

2. OG 1 : 200

1. OG 1 : 200

EG 1 : 200

1 WOHNEN, ESSEN, KOCHEN   LIVING, DINING, COOKING
2 DIELE   ENTRANCE HALL
3 ZIMMER   ROOM
4 BAD   BATHROOM
5 WC   LAVATORY
6 SPIELEN   CHILDREN'S ROOM

BETRIEBSGEBÄUDE LAGERTECHNIK WOLFURT IN WOLFURT
INDUSTRIAL BUILDING LAGERTECHNIK WOLFURT IN WOLFURT

1993–1994

Im Süden dichter Wohnungsbau, im Norden die Bundesstraße, im Osten eine Autobahnüberführung und im Westen Erdbeerfelder: Der kubische Baukörper mit Verwaltung, Lager, Forschungs- und Werkstätten eines Hochregal-Produzenten reagiert auf die höchst unterschiedlichen Verhältnisse in seiner unmittelbaren Umgebung mit vier genauso unterschiedlichen Gesichtern. Der Bundesstraße zugekehrt ist ein 18 m hoher körperhaft formulierter Fassadenteil mit einer Gußglashülle, der an das Bauwerk darangestellt ist und sowohl das Stiegenhaus lapidar durchschimmern läßt als auch das stählerne Skelett der Hochgaragentechnik bzw. der hier abgestellten Autos. Zur Wohnbebauung ist eine Glasfassade orientiert, der eine Schicht aus Aluminiumlamellen vorgeschaltet wurde, die das Tageslicht an die Decke umlenkt; dieser Fassadenteil kann insgesamt demontiert werden, und sollte das Gebäude jemals erweitert werden müssen, bestünde hier eine Anbaumöglichkeit. Zur Autobahnüberführung ist eine dicke, freigestellte Betonwand mit schmalen, langgestreckten Sichtschlitzen gewendet, die den Lärm der Autobahn eindämmt. Richtung Felder steht schließlich ein selbsttragendes Sichtbetongerippe mit raumhohen Fenstern und Holzschiebeläden. Der viergeschossige Betonskelettbau mit den Abmessungen 27 mal 27 m hat einen Stützenraster von 7,5 m, eine Ortbetondecke auf halber Höhe des Bauwerks trennt die unterschiedlichen Funktionen (Lager- und Wartungsbereich, Verwaltung). Das Treppenhaus mit edlem Marmor ist einladend und repräsentativ formuliert, die Großraumbüros sind flexibel und auf ihren Zweck hin optimiert.

In the south, a dense housing project; in the north, a federal highway; in the east, a motorway overpass; in the west, strawberry fields: the cubic block comprising administration, warehouse, research labs, and workshops of a storage systems manufacturer reacts to the diverse conditions prevailing in its immediate surroundings by presenting four equally diverse fronts. The first, towards the federal highway, is a 18 m high, volumetric prism with a skin of cast glass, which connects to the building and permits a lapidary look both at the staircase and the steel skeleton of the multi-story garage and the cars parked inside. The second, facing the housing project, is a glass facade with aluminium louvers, which deflect the daylight to the ceiling; this facade element can be detached as a whole and would permit the addition of an annex if the building were to be enlarged at some future date. The third facade, facing the motorway overpass, is a thick concrete wall with narrow strip windows which acts as a sound barrier to the motorway. The fourth and final facade, towards the fields, is a self-supporting structure exposed concrete skeleton with floor to ceiling windows and sliding wooden shutters. The four-story concrete skeleton structure with the dimensions of 27 x 27 m is characterized by a 7,5 m structural grid with a poured-in-place concrete ceiling at half the height of the building separating the different functions (warehousing and maintenance zones, administration). The high-quality marble staircase is inviting and representatively styled and the design of the open-plan offices is flexible and efficient.

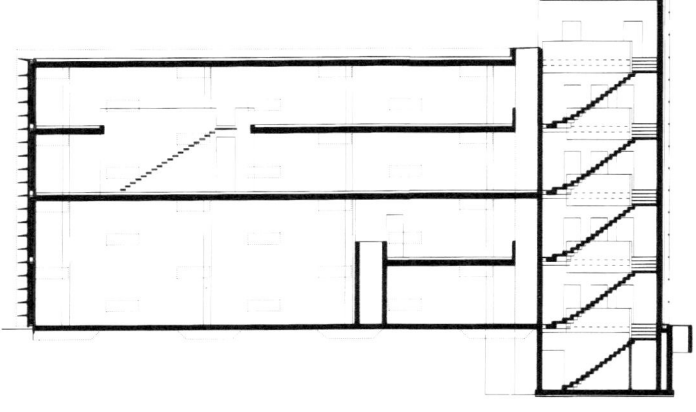

1	LAGER	STORE
2	WOHNUNG	APARTMENT
3	EINGANG	ENTRANCE
4	SCHWEISSEN	WELDING
5	LAGER-KLEINTEILE	STORE SMALL PARTS
6	LAGER	STORE
7	BÜRO	OFFICE
8	AUTO	PARKING SPACE
9	BÜRO	OFFICE
10	LUFTRAUM	OPEN SPACE
11	WOHNUNG	APARTMENT
12	SCHALTSCHRANKBAU	MOUNTING
13	AUFENTHALTSRAUM	DAY AREA
14	BESPRECHUNGSRAUM	CONFERENCE ROOM
15	PLOTTER	PLOTTER

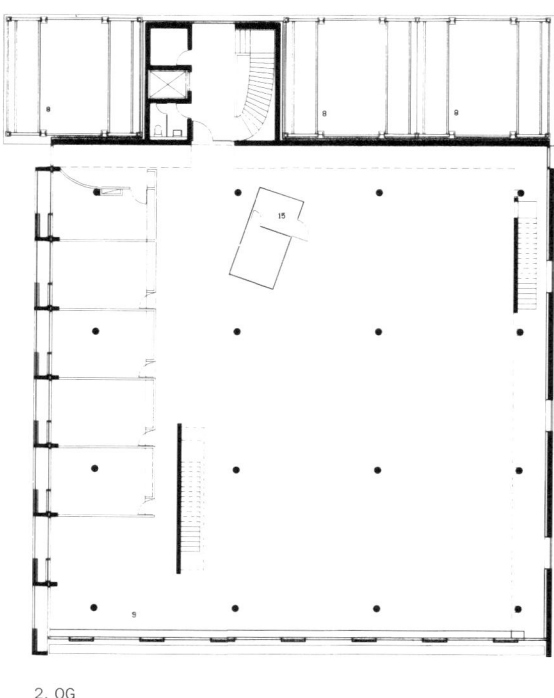

2. OG

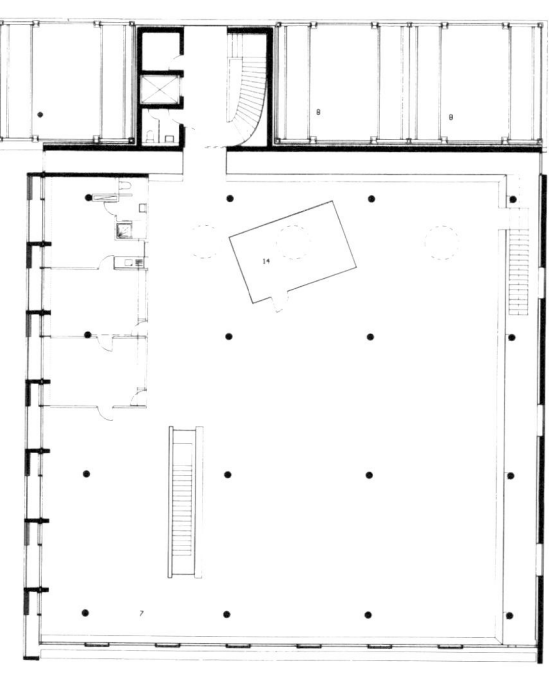

3. OG

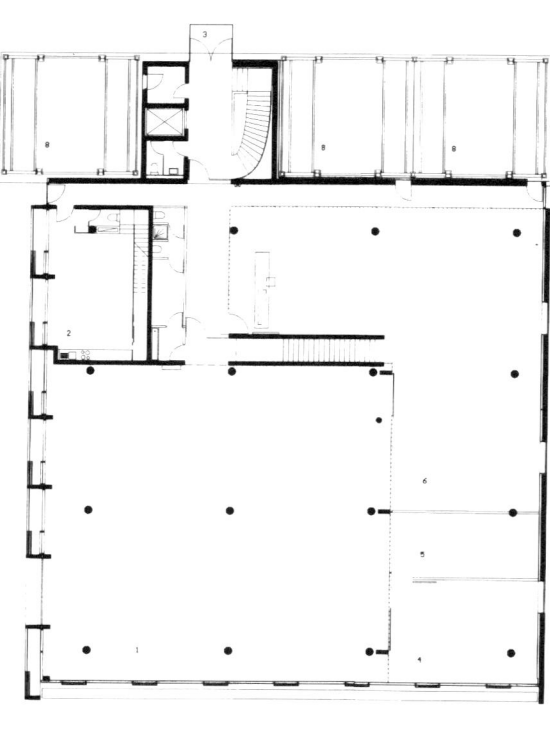

EG 1 : 400

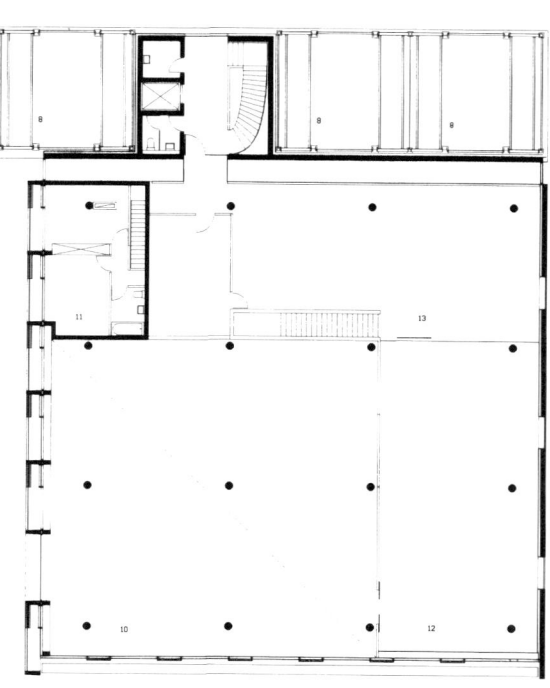

1. OG

HOTEL MARTINSPARK IN DORNBIRN
MARTINSPARK HOTEL IN DORNBIRN

1993–1994, 1996

Der ziemlich massige Baukörper im heterogenen Zentrum von Dornbirn beherbergt viele verschiedene Funktionen – Läden, ein Kaufhaus, das Hotel mit Restaurant und Tagungsräumen, Büros, Wohnungen – und entspricht damit dem gängigen, großstädtischen Typus eines Mehrzweckbaus. Die Größe des nahezu quadratischen Blocks wird durch die Schichtung des Bauwerks wirksam relativiert: So springt im Erdgeschoß die Ladenzone hinter eine Stützenreihe zurück, wodurch ein gedeckter Wandelgang zum Flanieren entsteht; die schachbrettartige Fassade der drei Stockwerke darüber betont mit ihren Glasbändern die Horizontale; und das vierte Obergeschoß mit den Wohnungen springt – wie die Ladenzone – wieder etwas zurück. An der Ostseite liegt der Zugang zum zweigeschossigen Kaufhaus, das im begrünten Innenhof auf der Ebene des ersten Obergeschosses durch eine Oberlichtverglasung Tageslicht erhält. An der Westseite liegt der eigentliche Haupteingang. So ruhig und gleichförmig der Baukörper ansonsten behandelt ist, hier im Vorbereich des Hotels setzen die Architekten eine notwendige, starke formale Geste. Dem Komplex vorgeschoben ist eine formal eher strenge, langgestreckte „Kiste" mit einer Haut aus Holzlamellen vor der Glasfassade. Mit diesem Baukörper wurde nachträglich die Tiefgaragenabfahrt überbaut, dort sind jetzt separat zugängliche Konferenz- und Tagungsräume untergebracht. Und im Sommer bietet der nun abgeschirmte urbane Platz zwischen Hotel und neuem Baukörper die schöne Möglichkeit für einen Restaurantbetrieb im Freien.

This rather massive building, situated in the heterogeneous center of Dornbirn, houses many functions including shops, a department store, the hotel with its restaurant and conference rooms, offices and apartments, and thus is an example of the multi-purpose buildings so often encountered in modern cities. The size of the massive, nearly square block is effectively broken up by the layered composition of the building, with the ground-level shopping zone recessed behind a row of columns, which generates a covered walkway for strollers, the glass bands of the chessboard-type facade of the three stories above emphasizing the horizontal, while the fourth upper story with the apartments is slightly recessed (like the shopping zone). The facade facing east contains the entrance to the two-story department store which contains an interior courtyard on the first level covered by a glass roof. The main entrance to the building itself is situated in the west facade. The building has a generally balanced, tranquil appearance. The architects chose to make a necessarily strong, formal gesture for the hotel entrance zone. Positioned in front of the building complex is a rather formal, and austere longitudinal "box" with wooden louvers placed in front of the glass facade. This building serves as an "add-on" superstructure to cover the access road to the underground car-park and now houses separately accessible conference and other multi-function rooms. And in summer, this protected, urban square between the hotel and the new building offers an attractive spot for an outside café.

Besonders markant der zweite architektonische Akzent, der „schwebende" Schiffsbauch des Restaurants über dem Haupteingang – in Wahrheit wird er von vier schlanken Stützen getragen – mit seiner kupferverblechten Haut und den schmalen, unregelmäßig über den Korpus verteilten Sichtschlitzen, in denen die Stahlkonstruktion vorgezeigt ist. Dieser Korpus ist durch ein schmales, wie der Konferenztrakt mit Holzlamellen verkleidetes Verbindungsglied an das Haupthaus angedockt. Einen reizvollen Kontrast zum mächtigen Vierkanter des Gebäudekomplexes stellt die ovale Konfiguration der zweigeschossigen Hotelhalle dar – mit einem zentral plazierten Kunstwerk von Wolfgang Flatz, der auch außen einen „Wasservorhang" installierte –, in der seitlich eine Treppe ins galerieartige Obergeschoß mit Bar und dem Zugang zum Restaurant führt. Die Architekten hatten auch die Möglichkeit, die Einrichtung des Hauses – bis hin zu den Hotelzimmern – zu bestimmen und teilweise sogar selbst zu entwerfen.

The second architectural accent, the "floating belly" of the restaurant above the main entrance, is especially striking. In reality, it is borne by four slender columns. This element is characterized by a copper cladding and narrow vertical windows, scattered irregularly over the building and permitting a glimpse of the steel construction underneath. This unit docks with the main building by means of a narrow link, which, like the conference wing, is panelled with wooden louvers. The oval configuration of the two-story hotel lobby, with a centrally positioned installation by Wolfgang Flatz, who also created the "water curtain" outside, produces an intriguing contrast to the powerful square of the building complex. An adjacent staircase leads from the lobby to the gallery-type upper level with a bar and access to the restaurant. The architects were also given the opportunity to select, and in some cases even to design, the furniture of the building (including the hotel rooms).

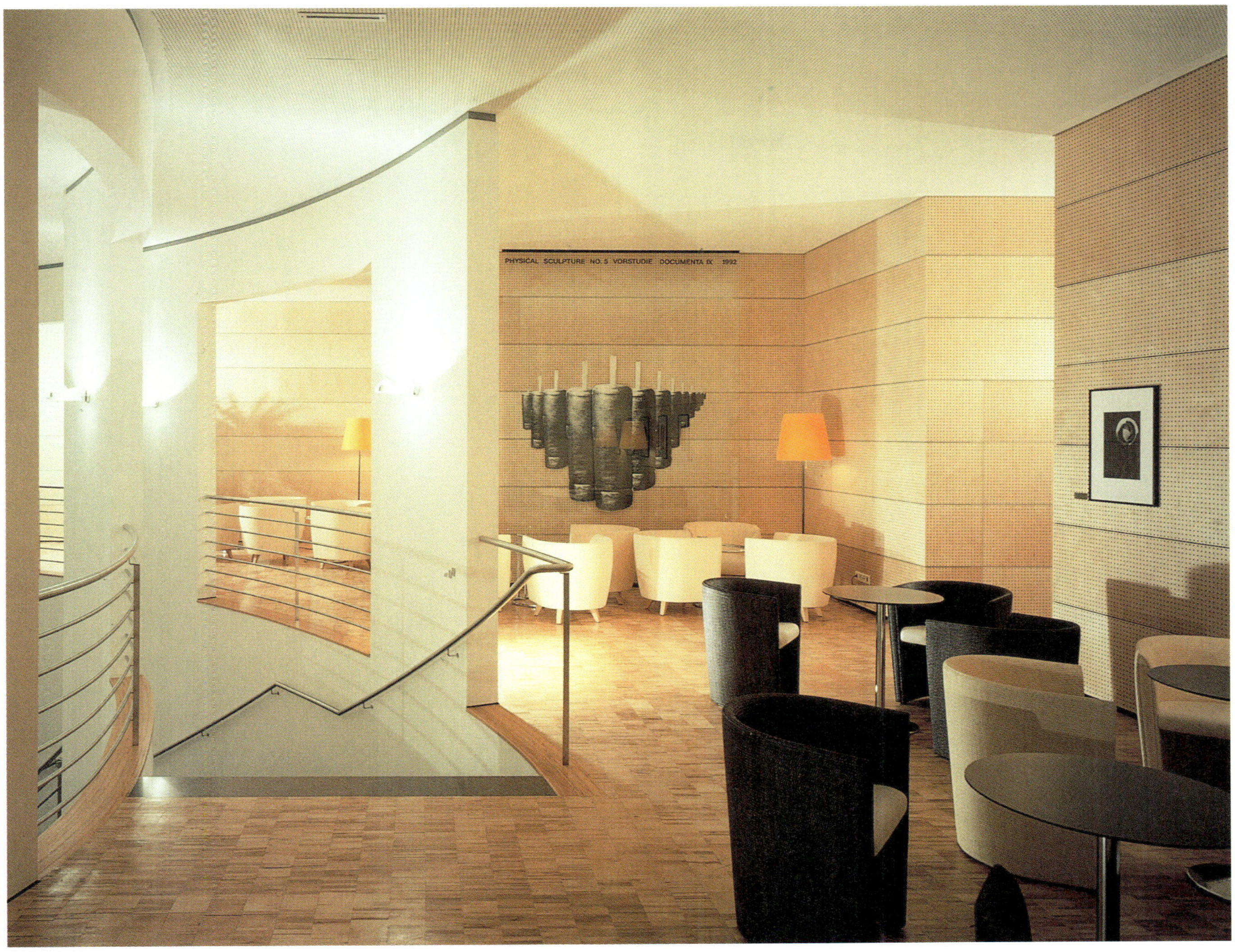
PHYSICAL SCULPTURE NO. 5 VORSTUDIE DOCUMENTA IX 1992

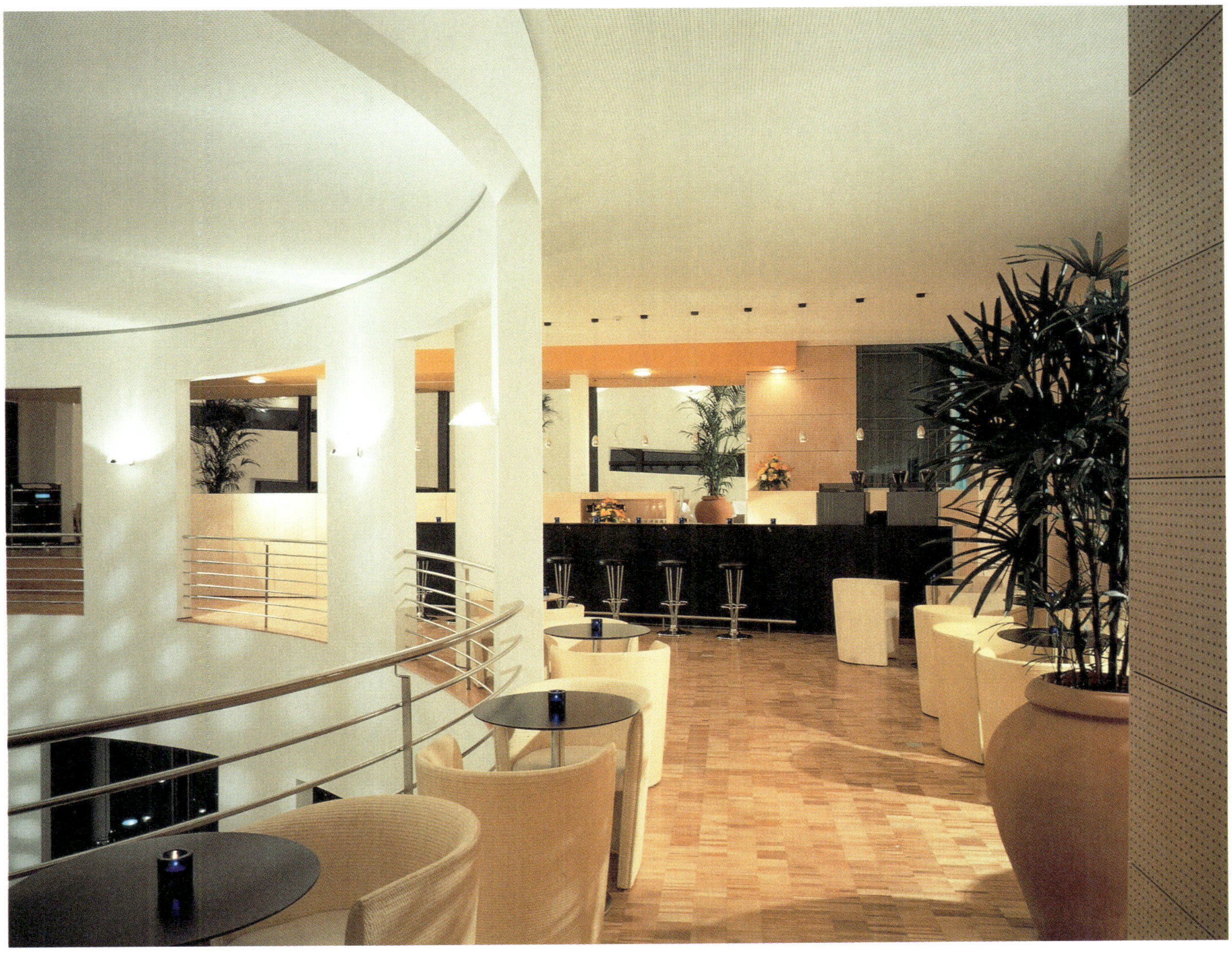

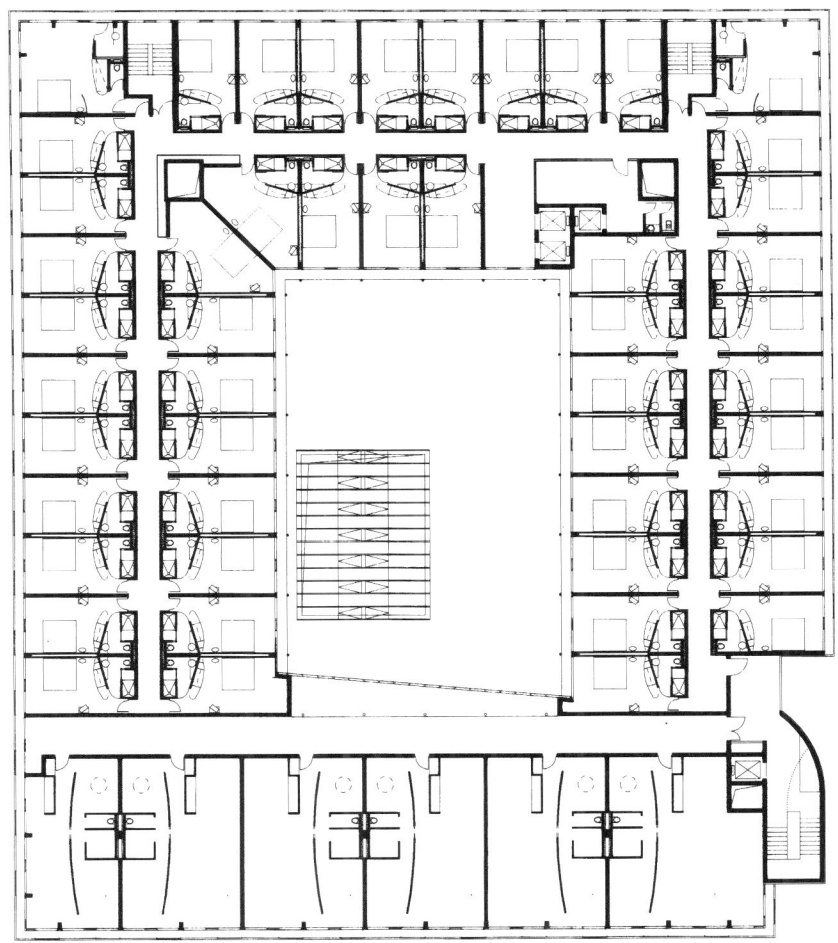

2. OG

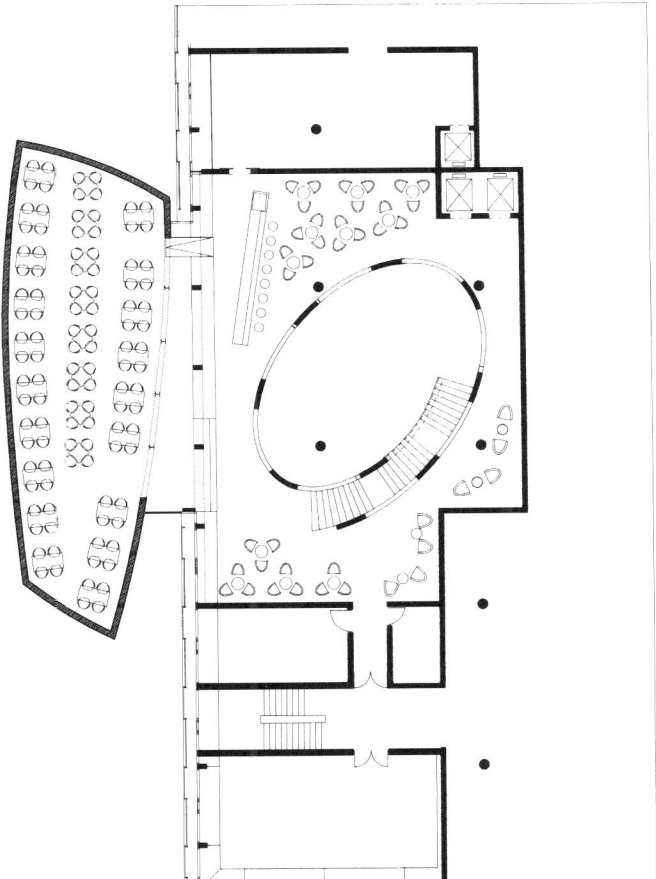

OG

WOHNHAUS MICHAEL BURGER IN BREGENZ
RESIDENTIAL BUILDING MICHAEL BURGER IN BREGENZ

1994

The house is characterized by its extremely exposed situation at the intersection of Lake Constance and Bregenzerwald: Its inhabitants enjoy a view over nearly the entire province of Vorarlberg. It was obvious that in such a location the architects must refrain from any form of ostentation or showing-off. For this reason, the position of the house is essentially reticent and highly deliberate regarding its relationship with the surroundings and the nearby forest. Moreover, the architects of the house styled the terrace requested by the owner as a large cantilevered projection which, however, is not a predominant architectural element.

Das Haus hat eine ganz besonders exponierte Lage an der Schnittstelle zwischen Bodensee und Bregenzer-wald: Seine Bewohner haben praktisch das ganze Land Vorarlberg vor Augen. Es ging darum, daß man an einer solchen Stelle nichts machen darf, das sich protzig aufspielt. Daher ist die Haltung des Hauses eigentlich zurückhaltend und sehr genau überlegt im Hinblick auf sein Verhältnis zur Umgebung und den nahen Bäumen. Außerdem thematisierten die Architekten bei diesem Haus die vom Bauherrn gewünschte Terrasse als große Auskragung, die dennoch als architektonisches Element nicht dominiert.

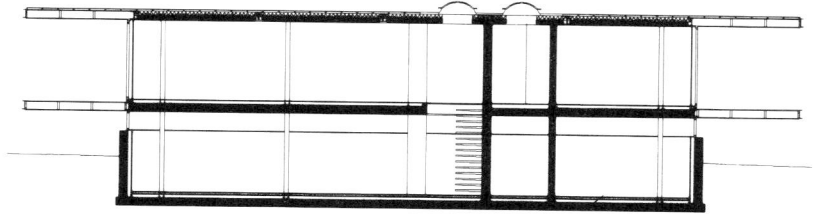

1	WOHNEN,	LIVING
	ESSEN, KOCHEN	DINING, COOKING
2	BAD	BATHROOM
3	TERRASSE	PATIO
4	ZIMMER	ROOM
5	ZIMMER	ROOM
6	ABSTELLRAUM	STOREROOM
7	HAUSTECHNIK	UTILITY ROOM
8	ZIMMER	ROOM
9	BAD	BATHROOM

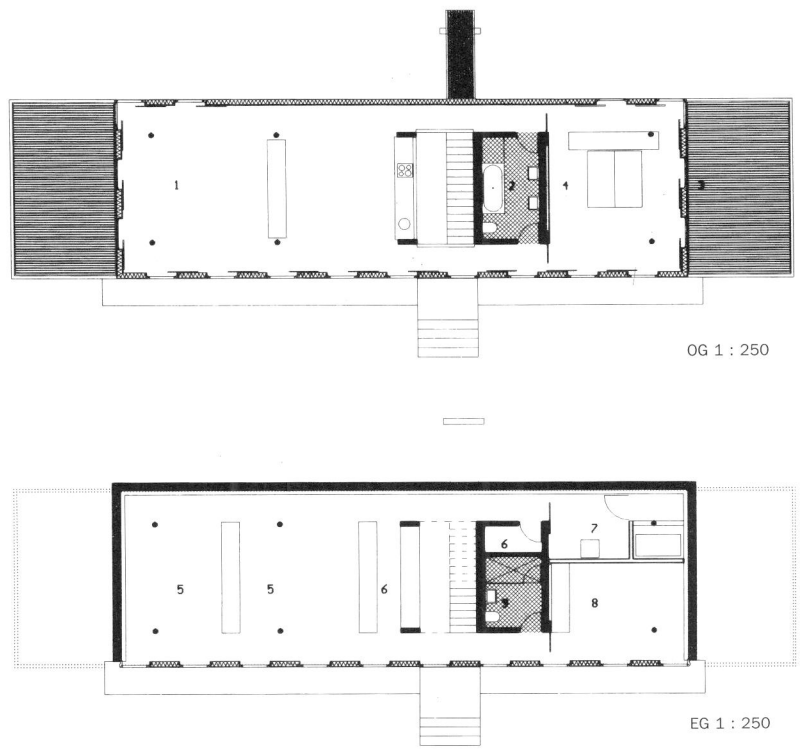

OG 1 : 250

EG 1 : 250

WOHNHAUS HÖLBL IN LAUTERACH
RESIDENTIAL BUILDING HÖLBL IN LAUTERACH

1994

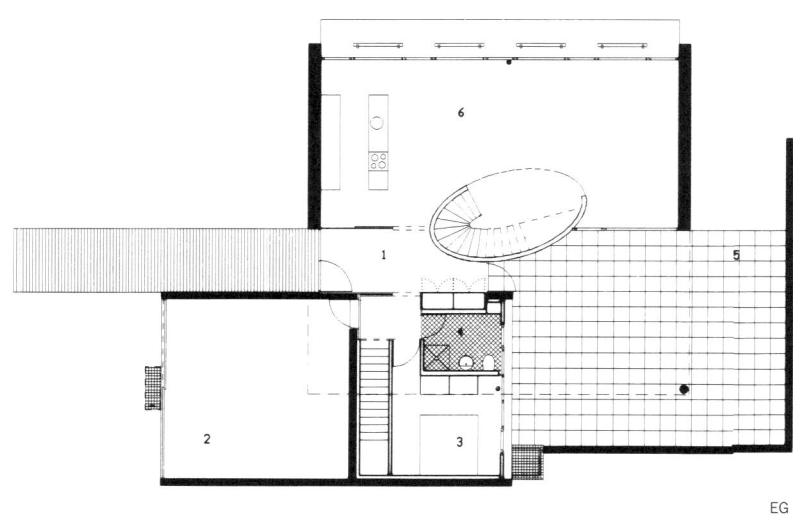

EG

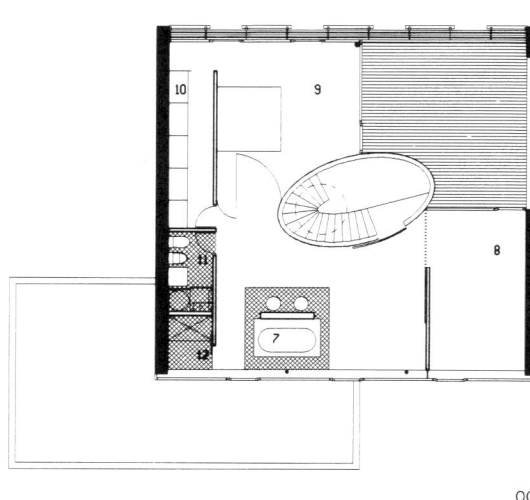

OG

1	WINDFANG	VESTIBULE
2	GARAGE	GARAGE
3	GÄSTEZIMMER	GUEST ROOM
4	GÄSTEBAD	GUEST BATH ROOM
5	TERRASSE	PATIO
6	ESSEN,	DINING
	KOCHEN, WOHNEN	COOKING, LIVING
7	BAD	BATHROOM
8	ARBEITEN	OFFICE
9	ZIMMER	ROOM
10	ANKLEIDE	CHANGING ROOM
11	WC	LAVATORY
12	DUSCHE	SHOWER

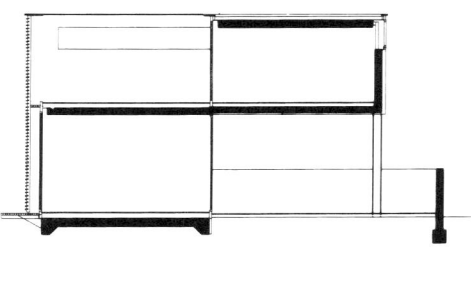

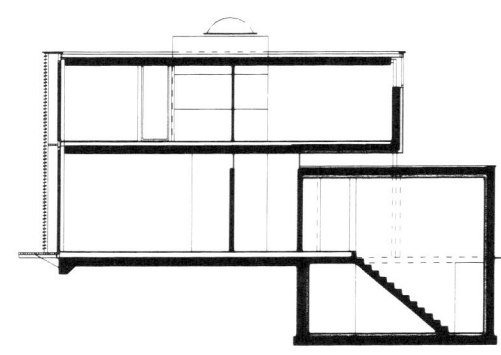

Hier war es durch das ganz spezielle Raumprogramm einmal möglich, innenräumlich wirklich etwas anderes zu machen. Das Haus wurde für ein kinderloses Ehepaar geplant und schon von daher konnte die Grundrißlösung freier und großzügiger sein. Die Architekten haben die differenzierten Nutzungsansprüche der Bauherrn in eine Raumfolge übersetzt, die weit über das hinausgeht, was Einfamilienhäuser normalerweise bieten. Es gibt den Außenraum, es gibt den Stiegenaufgang, der den Umgang formuliert und an dem verschiedene Räume hängen, es gibt den großen Raum unten, es gibt die Garage, die unter das Gebäude geschoben ist, und es gibt den Versuch, mit unterschiedlichen Kubaturen spannende Raumkonstellationen zu erzeugen.

This very particular spatial program enabled the architects for once to create "something different" for the interior of a building. The house was designed for a childless couple, which per se permitted a more open and generous layout. The architects transposed the differentiated functional requirements of the owners into a sequence of rooms which far exceed the normal characteristics of a detached family home. There is an exterior space. There is the staircase which formulates the deambulatory to which the various rooms are attached. The big room downstairs, the garage which is "inserted" under the building, and there is the attempt to generate exciting spatial constellations with different cubicles.

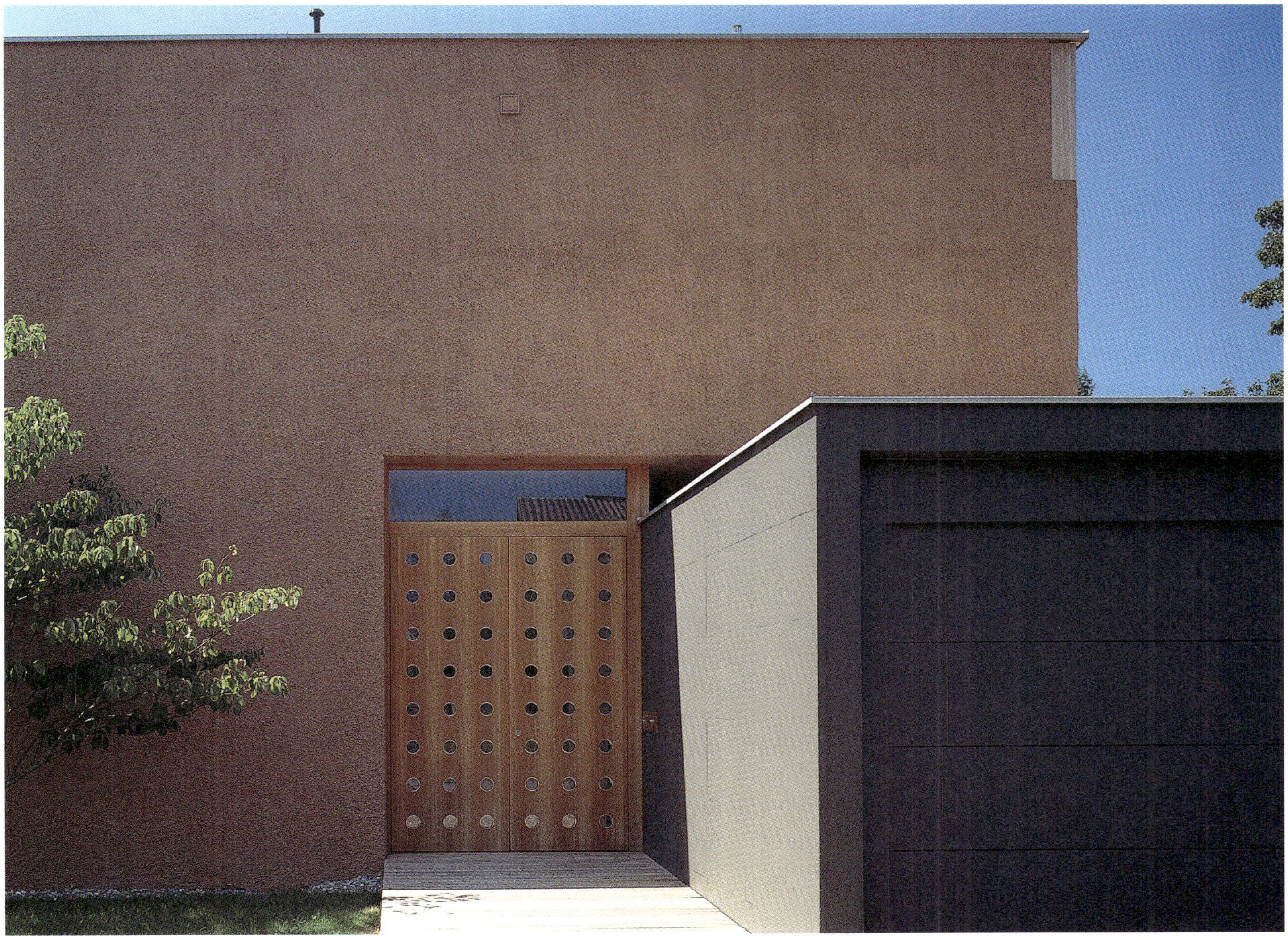

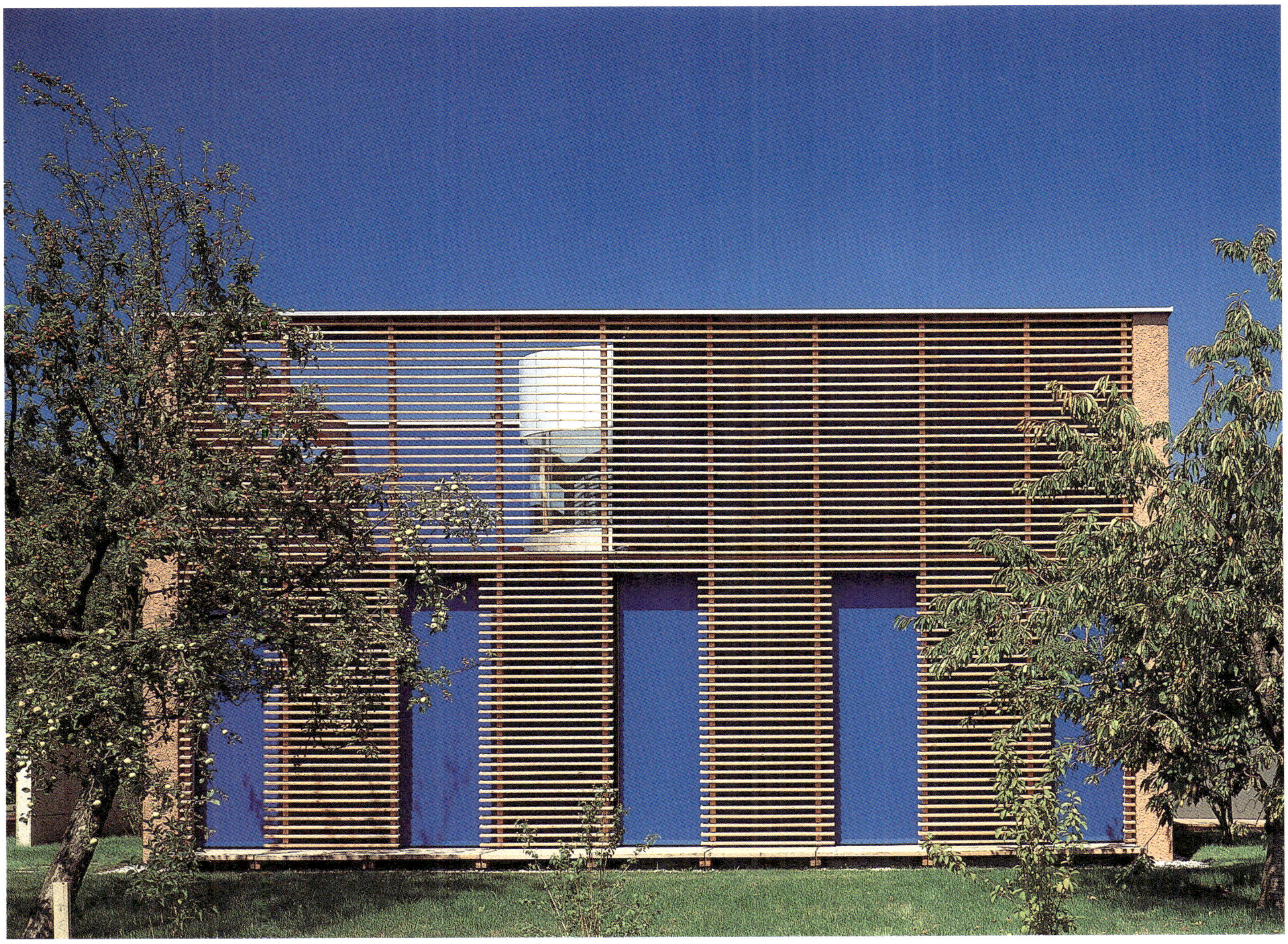

HOLZ-ALTENRIED IN HERGATZ, DEUTSCHLAND
HOLZ ALTENRIED IN HERGATZ, GERMANY

1994–1995

Ein plastisch formulierter Gewerbe-bau, der nach außen deutlich signalisiert, worum es drinnen geht: um Holzverarbeitung. Das Gebäude wurde bewußt nahe an die Bundes-straße gerückt, sodaß es für den Vorbeifahrenden zum Blickfang wird. Und eine breite Schaufensterfront fordert zum Stehenbleiben auf. Das Haus enthält einen großzügigen Ausstellungs- und Verkaufsbereich, der sich fast über die gesamte Länge des Bauwerks erstreckt und über einen etwas erhöhten Zugang an der Seite der Bundesstraße auch direkt betreten werden kann. An der Rückseite des Bauwerks, das auf einem leicht abschüssigen Gelände errichtet wurde, befinden sich sieben große Garagentore, die die Zufahrt der LKWs in den Lagerbereich ermöglichen. Dort sind die Außen-wände und die Zwischendecke zum Ausstellungsbereich betoniert – alles andere ist außen wie innen aus Holz. Der Ausstellungsraum selbst wird durch die mächtige Leimbinderkon-struktion aus Fichtenholz dominiert, außen sind die Sandwich-Wände, die fugenlos ins Dach übergehen, mit Lärchenholz verkleidet. Das monolithische Gebäude weckt Assoziationen mit einer Schiffsform, wobei im Bug dieses Schiffes über Eck schlitzartige Fenster sitzen – dahinter befinden sich die Büros und Sozialräume –, während die orange gestrichene Schmalseite am Ende des Einraum-Ausstellungsbereichs als künftige Erweiterungs- und Anbaumöglichkeit konzipiert ist. Durch die markante Gestalt des Gebäudes erübrigt sich jede zusätz-liche Werbemaßnahme für den Bau-herrn: Hier spricht die Architektur höchst unmißverständlich vom Inhalt des Bauwerks.

A sculpturally formed industrial building whose exterior clearly reflects what's going on inside: wood-working. The building was deliberately positioned close to the federal highway to catch the eye of passers-by. A wide shop-window front invites you to stop and look. The building houses a spacious presentation and sales area, which extends practically along the entire length of the structure and can be accessed directly from the federal highway via a slightly elevated entrance. On the back of the building, which was constructed on slightly sloping ground, there are seven large garage doors which provide access to the storage zone for trucks. In this zone, the exterior walls and the ceiling providing the floor of the presentation area are made of concrete – everything else, both exterior and interior elements, are made of wood. The presentation area is dominated by a strong laminated spruce wood construction; on the outside, the sandwich walls, which merge seamlessly with the roof, are clad in larch.
The monolithic building implies associations with a ship: Narrow windows are located in the corner of the "bow" with offices and staff rooms located behind them.
The narrow side interior wall, painted orange, at the end of the presen-tation space serves as a potential point of departure for future extensions. The striking shape of the building eliminates the need for additional advertising on the part of the owner: here, the architectural solution transmits a clear and unmistakable message stating the purpose of the building.

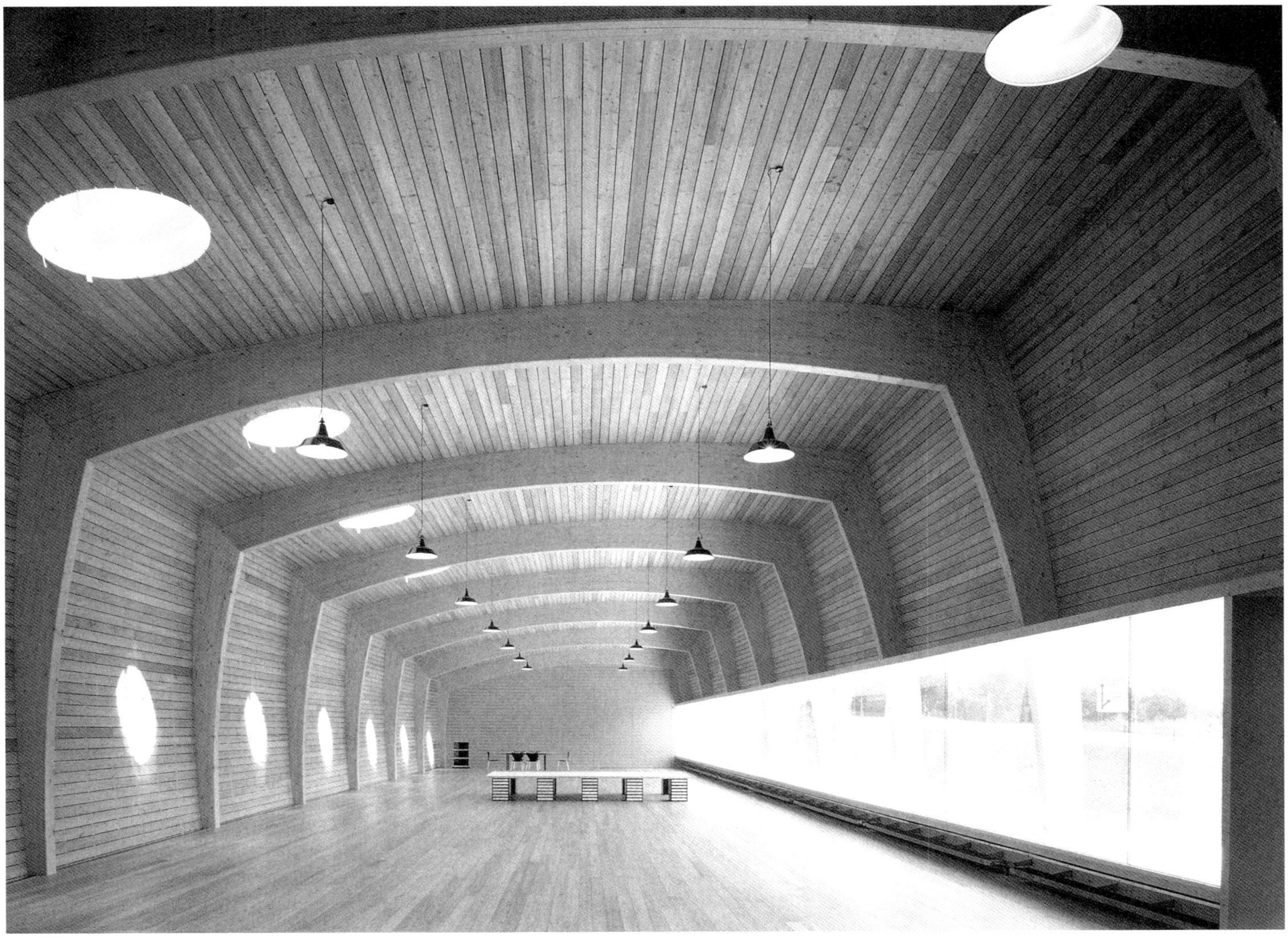

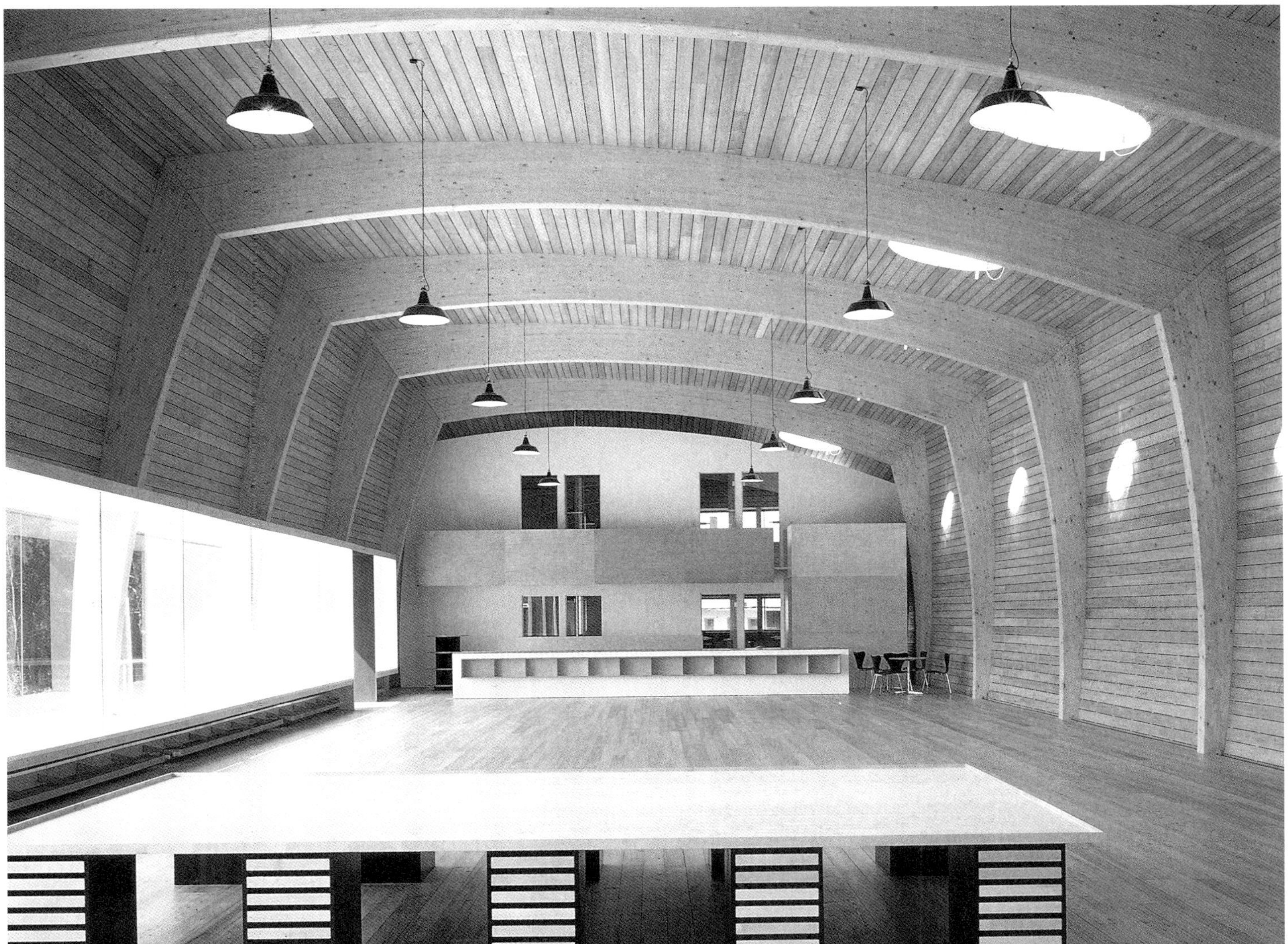

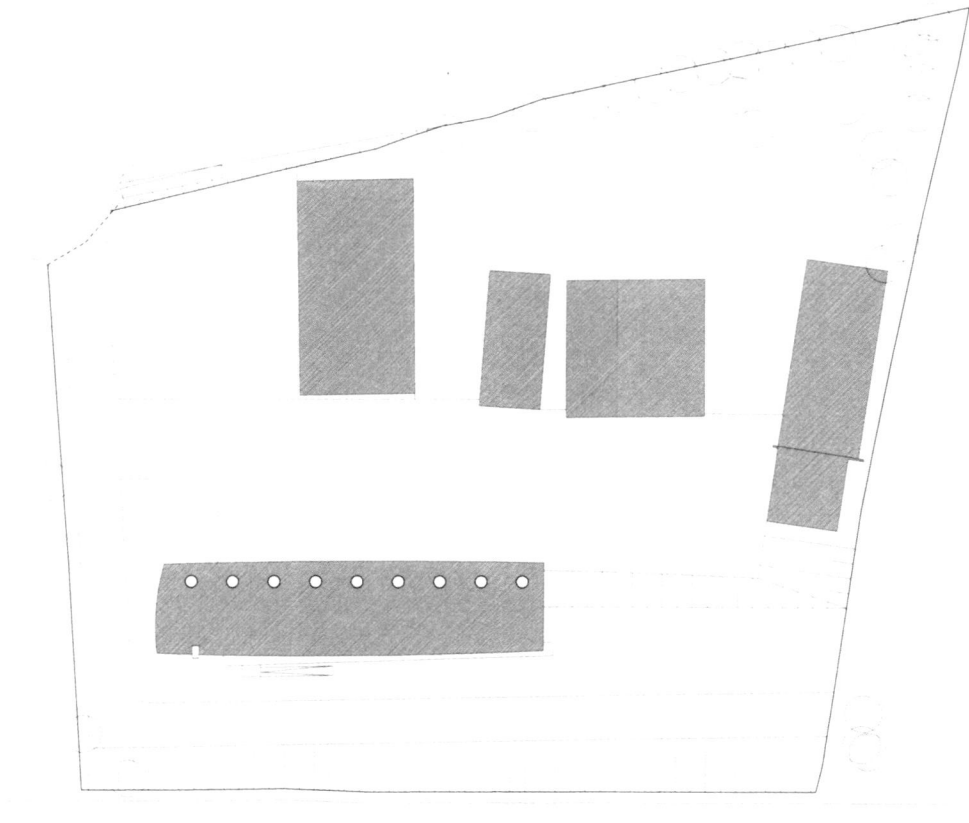

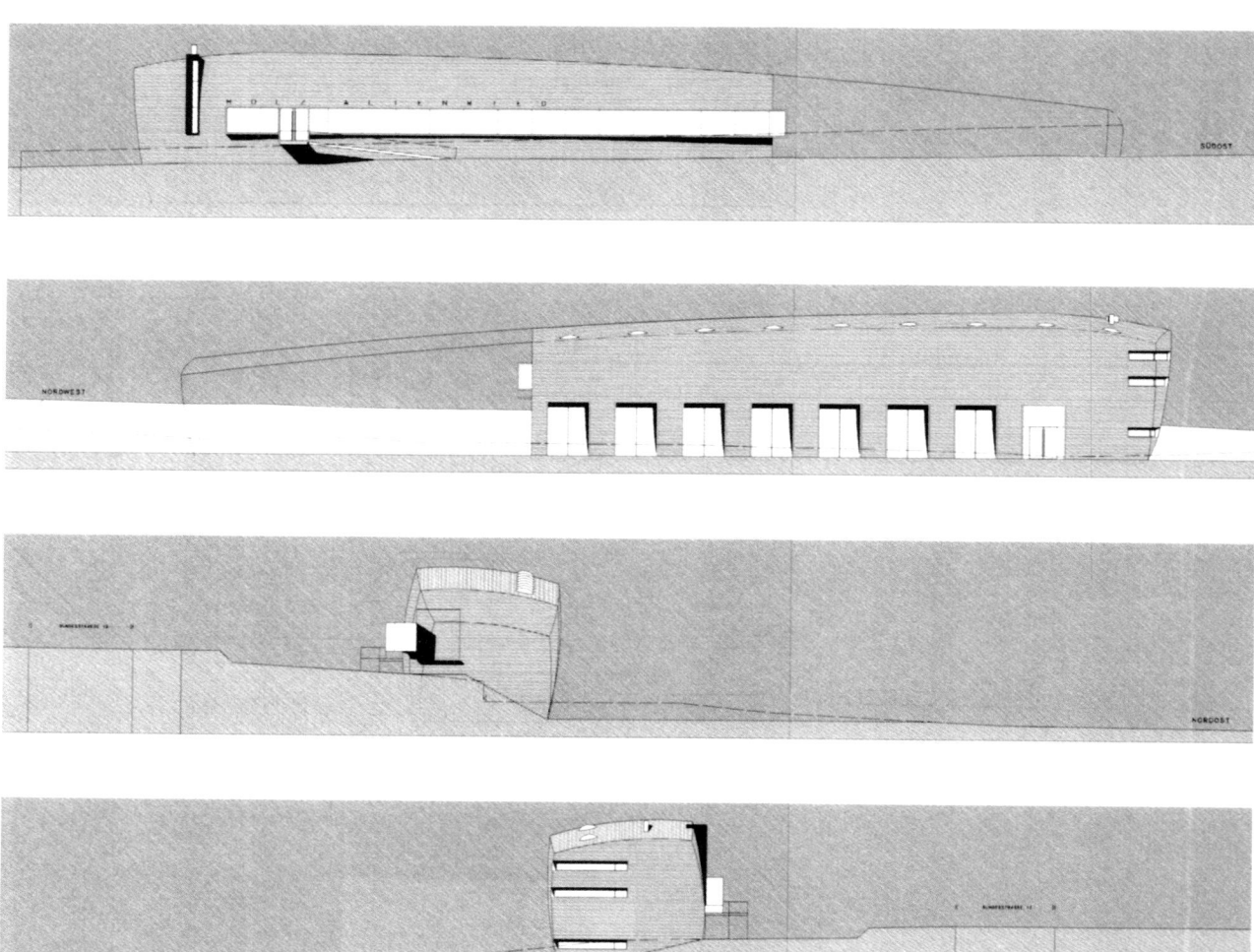

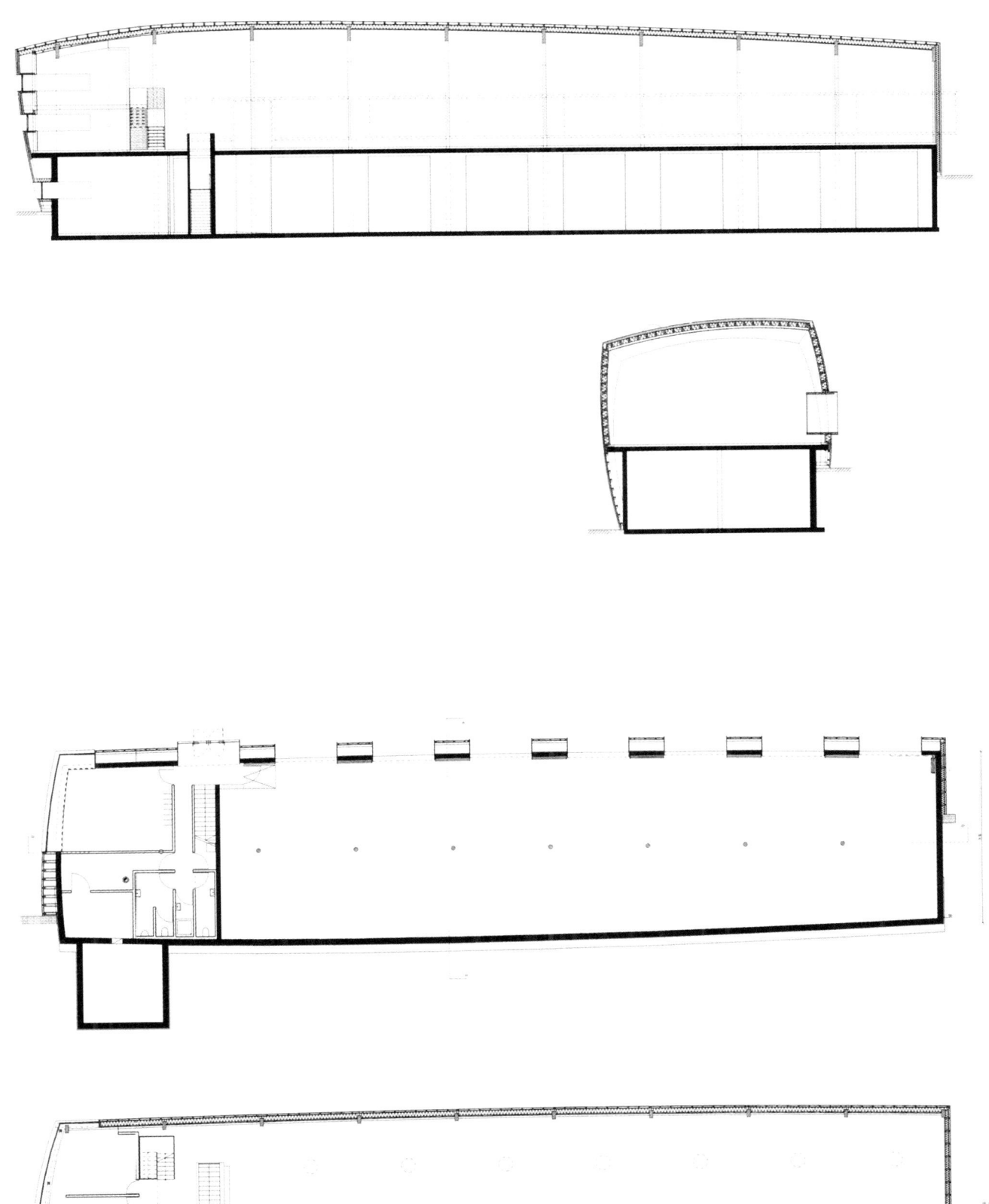

WOHNHAUS BÜCHEL IN VADUZ, LIECHTENSTEIN
RESIDENTIAL BUILDING BÜCHEL IN VADUZ, PRINCIPALITY OF LIECHTENSTEIN

1995–1996

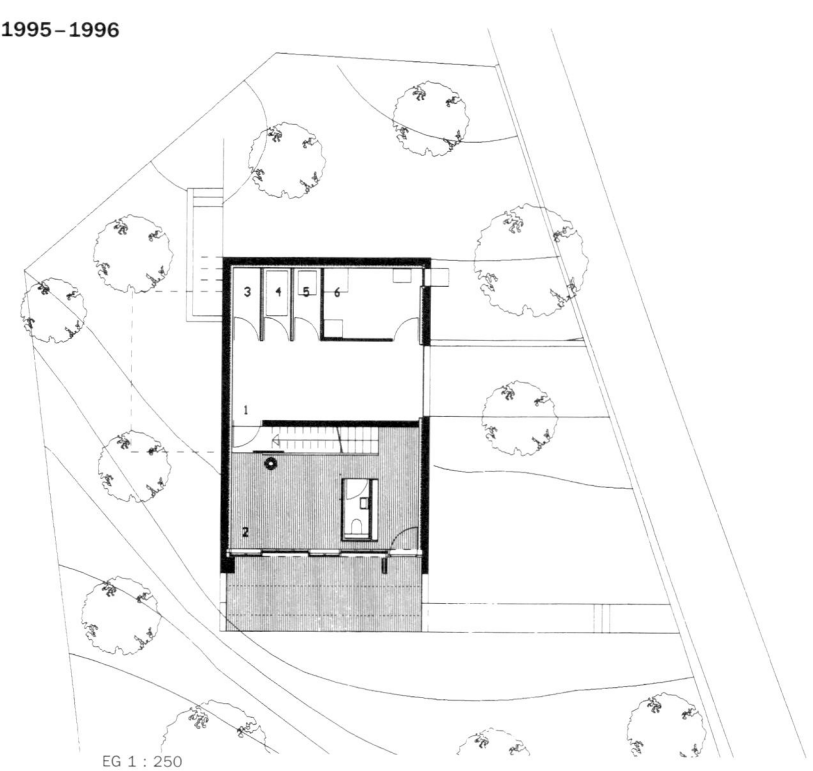

EG 1 : 250

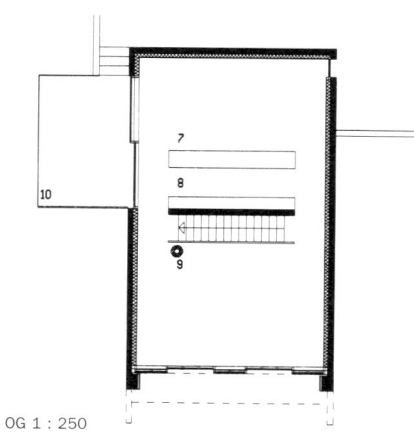

OG 1 : 250

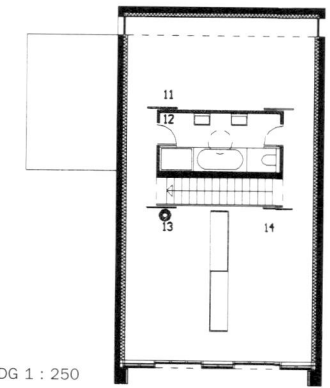

DG 1 : 250

Ein höchst kompaktes kleines Haus mit einer sehr einfachen Grundrißkonfiguration, die sich in eine einzige Aussichtsrichtung orientiert. Alle Räume schauen Richtung Tal, das ist das interessante und spezielle daran. Das Haus steht an einem eigenartigen Ort, in einem Garten, hinter dem eine gewaltige Felswand aufragt. Die Betonfassade hat mit dieser Felswand zu tun, und von weitem sieht es fast so aus, als wäre von dieser Felswand ein Brocken heruntergefallen und auf der grünen Wiese liegen geblieben. Ganz anders ist die Wirkung, wenn man sich dem Haus nähert. Man kann nur frontal darauf zufahren oder -gehen, und dann öffnet es sich sehr stark und schaut den Ankommenden richtiggehend an. Wiederum treiben die Architekten ihr Spiel mit der Umgebung dieses relativ zersiedelten Hanges: Sie haben ein Haus entworfen, das sich zunächst nicht als Gebäude darstellt, sondern als Felsbrocken; erst wenn man sich diesem Haus nähert, realisiert man die freundliche Gebärde seiner Offenheit.

An extremely compact little house with a very simple floor plan oriented towards a single direction of view. The interesting and special aspect of the house is the fact that all rooms face toward the valley. It is situated in a peculiar location with the garden facing a gigantic rock face. The concrete facade somehow interacts with this rock face, and from a distance looks almost as if one chunk had fallen off the rock and come to lie in the green grass. However, the effect produced upon approaching the house is a completely different one. One can drive or walk toward it only frontally, where the building seems to open up wide and actually look into the visitor's face. Again, the architects play with the surroundings of this slope marked by a relative urban sprawl: they have designed a house that at first glance does not seem to be a building but rather a piece of rock with its friendly, open nature only becoming noticeable upon approach.

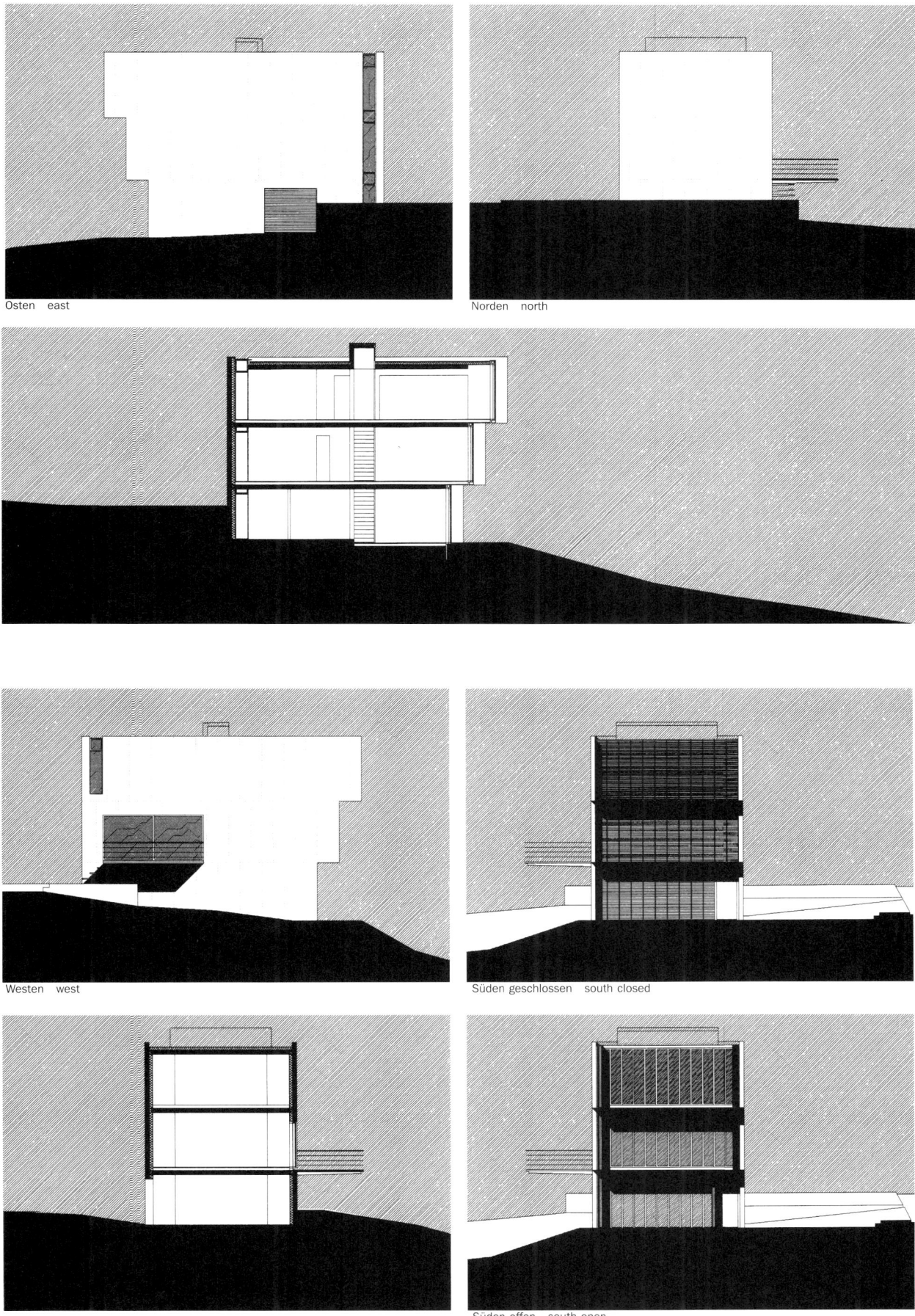

Osten east

Norden north

Westen west

Süden geschlossen south closed

Süden offen south open

KRAFTWERK IN ALBERSCHWENDE
ALBERSCHWENDE POWER PLANT

1994–1995

Das Kraftwerk liegt völlig abgeschieden mitten im Wald, zwischen Bregenzerach und einem steil abfallenden Hang, in den es praktisch hineingeschoben ist. Die Problematik dieser Präsenz eines Industriebauwerks in der unberührten Landschaft haben die Architekten in ihrem Enwurf dann auch thematisiert: Der anderen, größeren Maßstäblichkeit des Naturraums wird mit dem Versuch Rechnung getragen, auch den Maßstab des sichtbaren Gebäudeteils zu überhöhen. Vom Typ her handelt es sich um ein Schachtkraftwerk, das heißt ein Großteil der Funktionen verschwindet unsichtbar in der Erde – die Baugrube war immerhin 20 m tief, es geht 7 Geschosse tief hinunter –, nur die relativ bescheidene „Karosserie" eines 10 m hohen Bauteils liegt über der Erde. Das Gebäude besteht aus einer Stahlbetonkonstruktion, der im sichtbaren Teil Fassaden vorgestellt wurden: Zur Ach hin orientiert sich eine Glasfassade mit einer Alulamellenwand davor, die nur bedingt Einblick in die dahinterliegende Montagehalle gewährt und so gewissermaßen das Motiv des Waldrands hinter dem Bauwerk architektonisch wiederholt; an den beiden Seiten sind die Wände aus hinterlüftetem Bruchsteinmauerwerk, wodurch andeutungsweise das Bild eines aus dem Hügel gewachsenen Bauwerks beschworen wird. Insgesamt liegt diesem Entwurf das Thema der spielerischen Überzeichnung von Maßstäben zugrunde und insofern eher ein skulpturaler als ein architektonischer Lösungsansatz.

The power plant lies secluded in the midst of a forest between the brook Bregenzerach and a steep slope, into which it was literally inserted. The problems inherent to the presence of an industrial plant in this natural, untouched landscape were considered by the architects in their design. They tried to express their respect for the larger scale of nature by increasing the scale of the visible elements of the building. The building is a shaft-type power plant, i.e. most of its functions are invisible, disappearing underground (the building pit was 20 m deep, with a total of 7 underground levels); only a relatively modest building volume of 10 m height is situated above ground. The building is of reinforced concrete with facades added for the visible part. A glass facade with aluminium louvers faces the brook, permitting only a limited view of the workshop below, thus in a way repeating, in architectural terms, the motif of the woodside behind the building. The walls on both sides are made of ventilated rubble masonry, which alludes to the image of a building organically grown from the hill. In general, the design is based on the idea of a playful exaggeration of scales; thus its concept should be regarded more as a sculptural rather than an architectural solution.

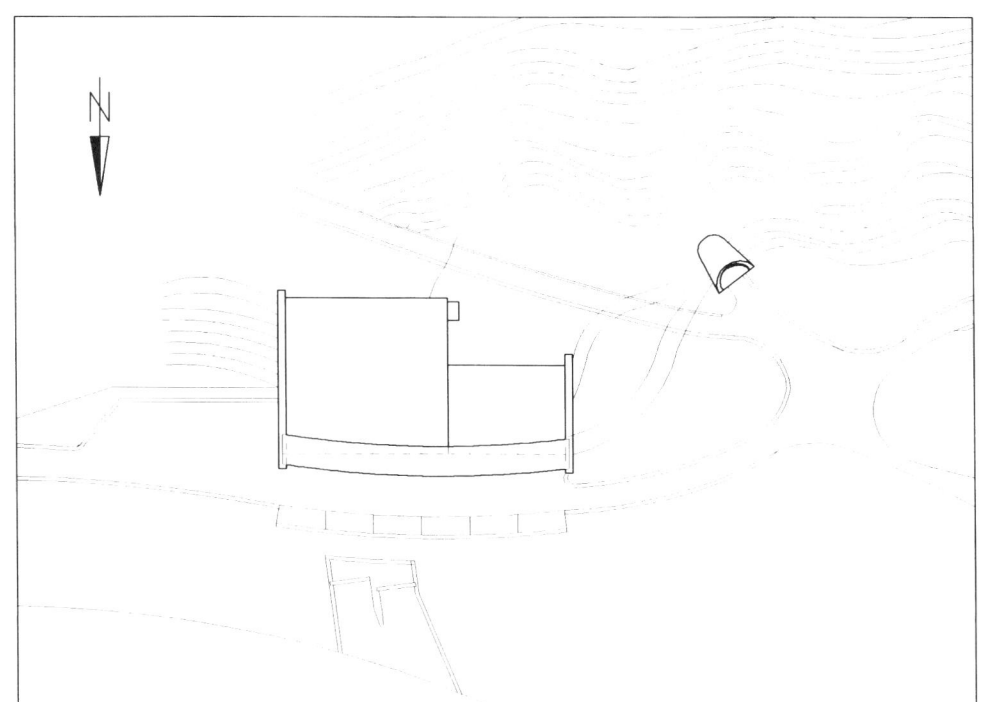

1 : 1000

1 LUFTMASCHINENRAUM   PNEUMATIC ENGINE
2 BELÜFTUNGSZENTRALE   VENTILATION
3 LAGER   STORE
4 BERGEGERÄT, 1. HILFE   FIRST AID
5 NOTSTROMAGGREGAT   EMERGENCY POWER GENERATOR
6 KLEINTEILLAGER   STORE SMALL PARTS
7 MONTAGERAUM   MOUNTING
8 KOMPRESSORRAUM   COMPRESSOR
9 LAGER   STORE
10 LENZ- UND KÜHL-WASSERPUMPENRAUM   PUMP ROOM
11 SCHLAMMFANG   SLUDGE COLLECTOR
12 LENZSCHACHT   BILGE CHANEL
13 LIFT   ELEVATOR

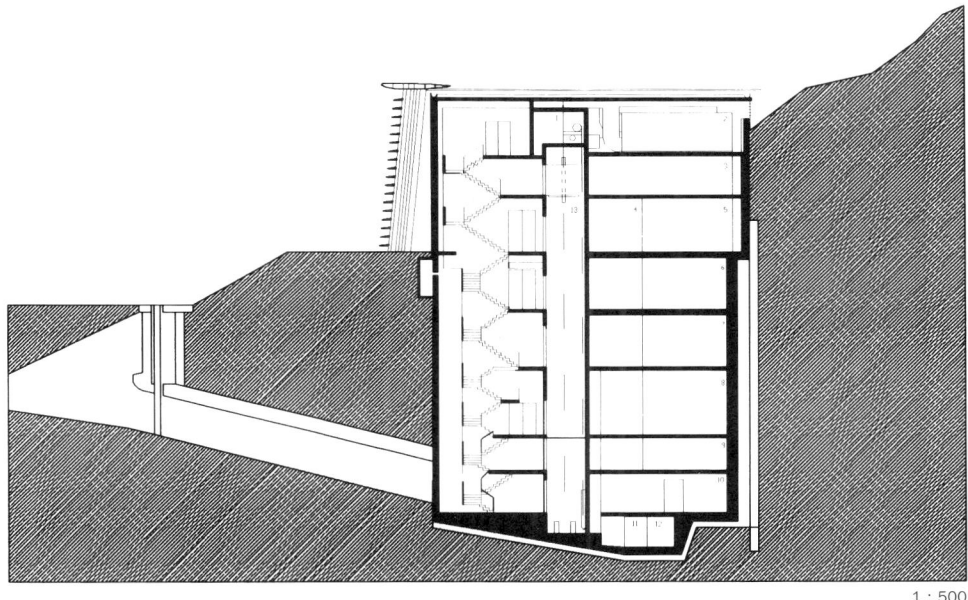

1 : 500

1 VORGESETZTE GLASFASSADE   GLASS FACADE
2 MONTAGEHALLE   MOUNTING
3 NOTSTROMAGGREGAT   EMERGENCY POWER GENERATOR
4 BERGEGERÄT, 1. HILFE   FIRST AID
5 LIFT   ELEVATOR
6 ABSTELLRAUM   STOREROOM
7 ON – VERTEILER   DISTRIBUTOR
8 EB – TRAFO   TRANSFORMATOR
9 30 KV ANLAGE   30 KV PLANT
10 MASCHINENTRAFO 1   MACHINE TRANSFORMATOR
11 MASCHINENTRAFO 2   MACHINE TRANSFORMATOR

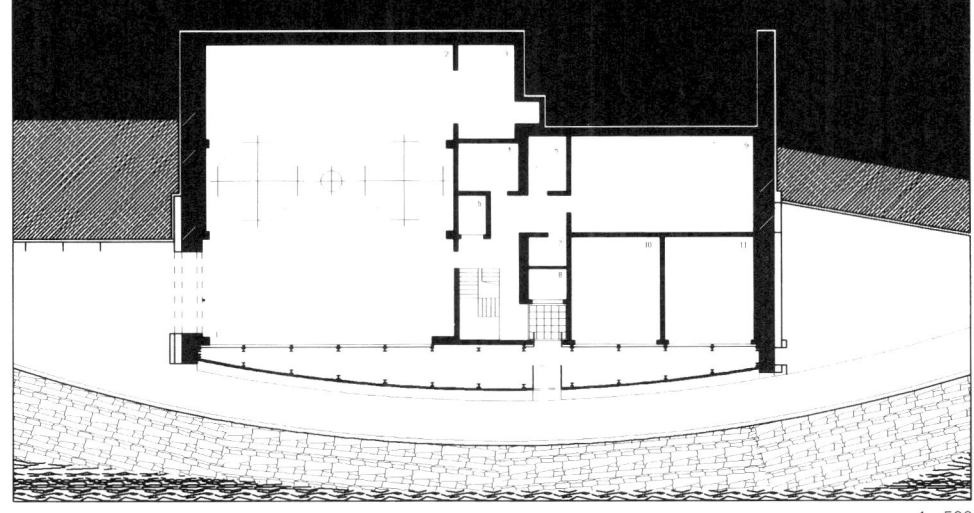

1 : 500

ZUBAU ZUM BETRIEBSGEBÄUDE GRAF IN DORNBIRN
EXTENDING THE COMPANY BUILDING GRAF IN DORNBIRN

1994 – 1995

Der Zubau wurde notwendig, weil drei zuvor örtlich getrennte Tochterfirmen räumlich und damit auch organisatorisch zusammengezogen wurden. Das vorhandene Stammhaus blieb dabei weitgehend unberührt, es erhielt lediglich eine neue Fassade aus Lärchenholz-Lamellen. Neben diesen bestehenden eingeschossigen Baukörper wurde ein neuer gestellt, der die Produktionshalle und die Versuchsabteilung enthält und über diese beiden Bauteile als drittes Element eine Brücke gelegt, ein als Raumtragwerk ausgebildeter Baukörper über drei Stützenpaaren, in dem die Verwaltung untergebracht ist. Durch diese Gebäudekonfiguration entstand ein dreiseitig umschlossener Hof, der als Lager für Großteile verwendet wird. Die differenzierte formale Lösung an den Fassaden drückt die unterschiedliche Nutzung sehr reizvoll aus: Glas und Beton prägen das Erscheinungsbild des linken Bauteils (Produktionshalle, Versuchsabteilung), eine Haut aus Holz überzieht den Bestand rechts und der Verwaltungstrakt darüber trägt ein leuchtend orangerotes Kleid aus Dreischichtplatten.

The building had to be enlarged since three previously separate subsidiaries moved together and fused their corporate organisation. The existing parent company building was left largely unchanged and received only a new front made of larch wooden panels. A new object housing the production hall and the testing department was placed next to this one-storey building and, as a third element, a bridge was built over both buildings, a supporting structure carried by three pairs of pillars accommodating the administration. This configuration created a courtyard with three sides that serves as a place to store large objects. The differentiated formal solution on the facade delightfully expresses the various utilities the building has: glass and concrete characterise the left wing of the building (production hall, testing department), a wooden skin covers the right part and the administrative section above carries a bright orange-red cloak made of three-ply plates.

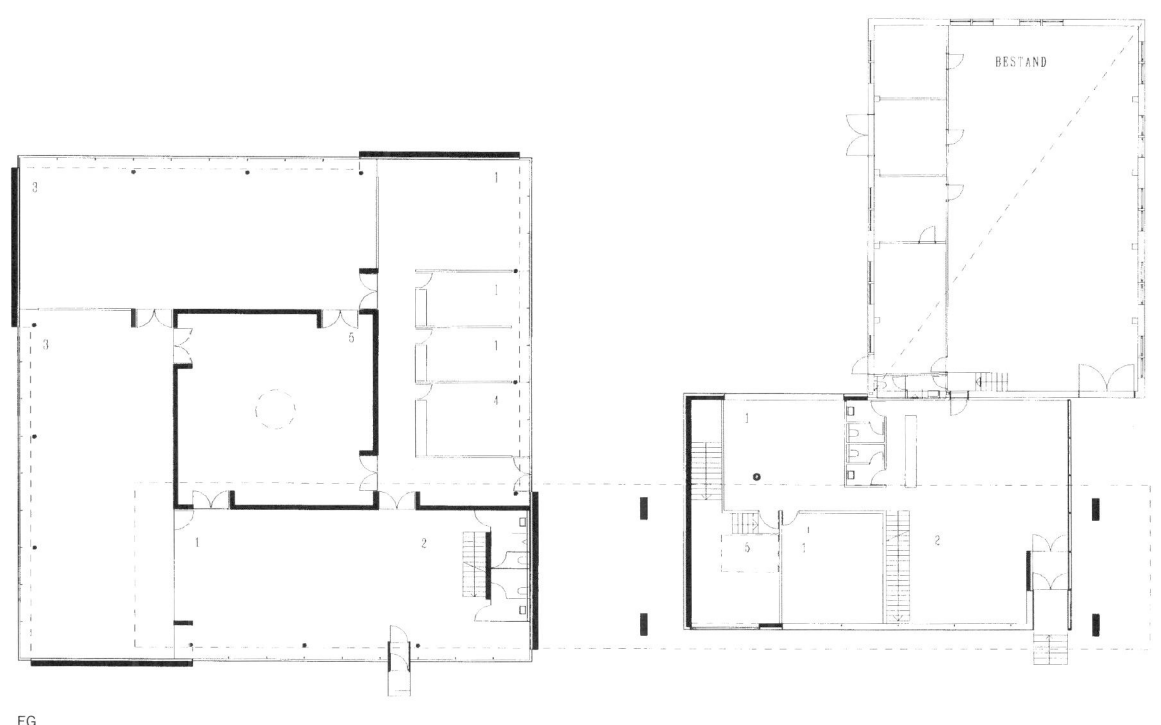

EG

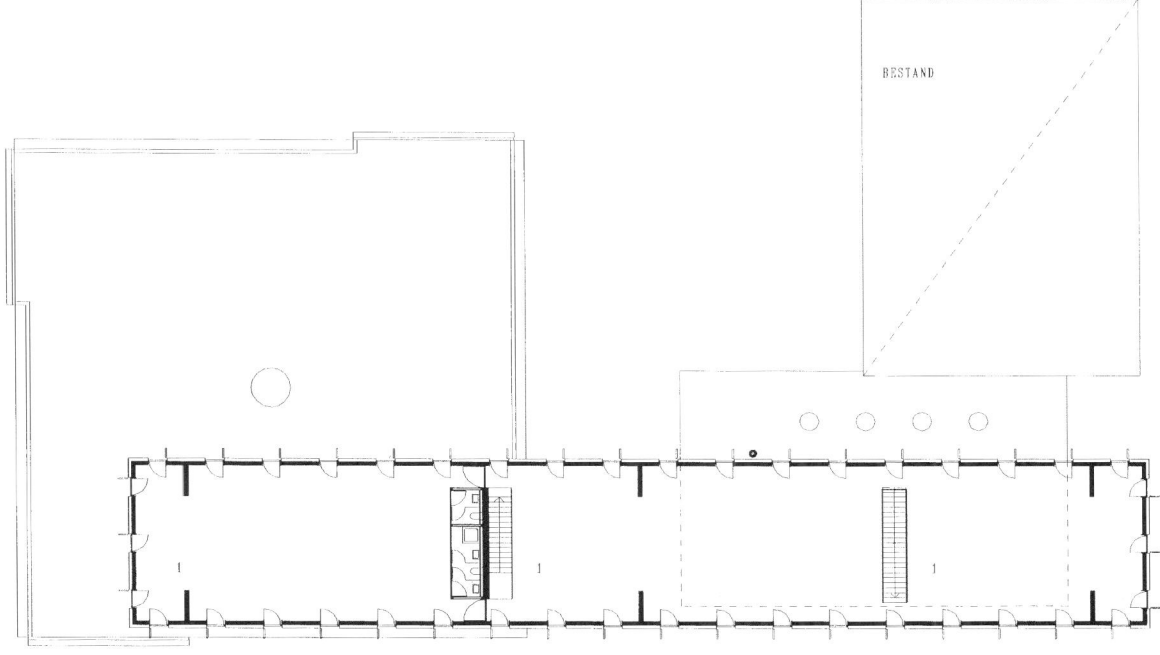

1. OG

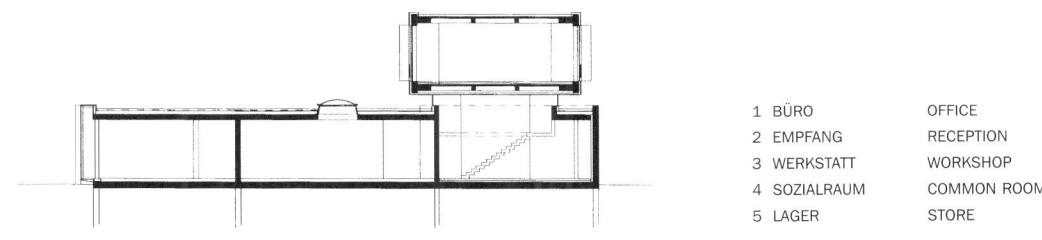

1	BÜRO	OFFICE
2	EMPFANG	RECEPTION
3	WERKSTATT	WORKSHOP
4	SOZIALRAUM	COMMON ROOM
5	LAGER	STORE

PROJEKT SPIELCASINO IN LINDAU, DEUTSCHLAND
PROJECT FOR A CASINO IN LINDAU, GERMANY

Zweistufiges Gutachterverfahren, 1996 (1. Preis)
Two-stage competition, 1996 (1st prize)

Thema des Gutachtens war eine neue Spielbank, die auf einem prominent gelegenen Grundstück auf der Insel von Lindau errichtet werden sollte. Das Grundstück wird derzeit nur als Parkplatz genutzt, weil es auf der anderen, der Altstadt abgewandten Seite einer Bahnlinie ist, die Planungsareal und Altstadt trennt. Allein schon durch die Enge der Situation ließ sich die Beziehung hinüber zur Altstadt aber nicht ignorieren. Grundlage des Wettbewerbs war eine städtebauliche Untersuchung, aus der klar hervorging, daß nur ein bestimmter Teil des Grundstücks für eine Bebauung in Frage kam. Was die Aufgabe zusätzlich interessant machte: Von Seiten des Bauherrn wurde der Wunsch nach einem modernen Gebäude formuliert, das eine sehr dezidierte Haltung und nicht die übliche Las Vegas-Atmosphäre vermitteln sollte. Das Projekt von Baumschlager und Eberle schlägt insofern eine ungewöhnliche Lösung vor, als es nicht in der Fläche sondern über Geschosse organisiert ist. Denn die Architekten waren der Ansicht, daß die konkrete städtebauliche Situation eine gewisse Gebäudehöhe verlangt. Außerdem stellt der Ausblick über den Bodensee, hinüber nach Österreich, in die Schweiz und über das deutsche Seeufer eine sehr reizvolle Qualität dar. Daher sieht das Projekt in einer Art innerem Kern drei Ebenen mit Spielbetrieb vor, die von sechs bedienenden Geschossen so umschlossen sind, daß die wesentlichen Ausblicke, aber auch die Beziehungen der verschiedenen Ebenen zueinander effektvoll inszeniert sind. Das enorm wichtige Problem der Erschließung wurde mit einer Treppenanlage und mit drei großen Transparentliften gelöst, die genau im Schnittpunkt zwischen der dreigeschossigen Casinozone und dem sechsgeschossigen Außenbereich im Gebäude stecken, sodaß der Besucher ein spannendes Wechselspiel von Ausblicken nach draußen und innenräumlichen Differenzierungen erlebt.

The competition focused on the design of a new casino to be built on a site prominently located on the island of Lindau. Currently, the property is only used as a parking lot as it is situated along a railway line that separates the site from the old city. Unfortunately, the lot faces away from the old city. However the confined situation cannot deny a relationship to the old nucleus. The competition was based on an urban study which specified that only a certain part of the property was suitable for construction. The task was rendered even more interesting by the fact that the owner expressed the wish for a modern building able to convey a very clear formal statement, instead of the usual Las Vegas-style atmosphere. The project by Baumschlager and Eberle proposes an unusual solution because it is organized over various storeys and not on one level.
This is because the architects were convinced that the urban situation demanded a certain building height. Moreover, the panorama of Lake Constance, with a view over the Austrian, Swiss, and German waterfront is a highly attractive asset. For these reasons, the project is composed of a three level inner core offering gambling facilities, enclosed by six service levels.
This organization produces a striking mise-en-scène of both the attractive panorama as well as the interaction of the various levels. The enormously important issue of access to the facilities was resolved by means of a staircase system and three large transparent elevators located at the connection between the three-storey casino zone and the six-storey outer zone of the building. In this space the visitors are provided with an exciting interaction between the exterior view and the interior spatial differentiation.

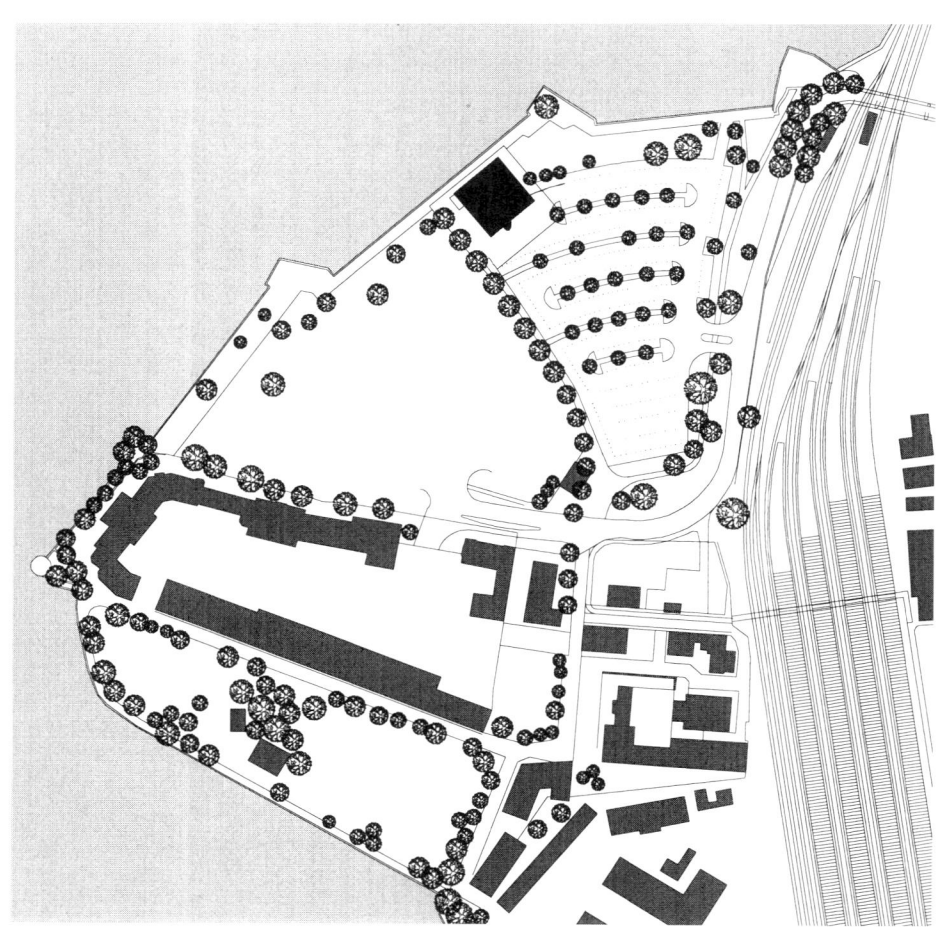

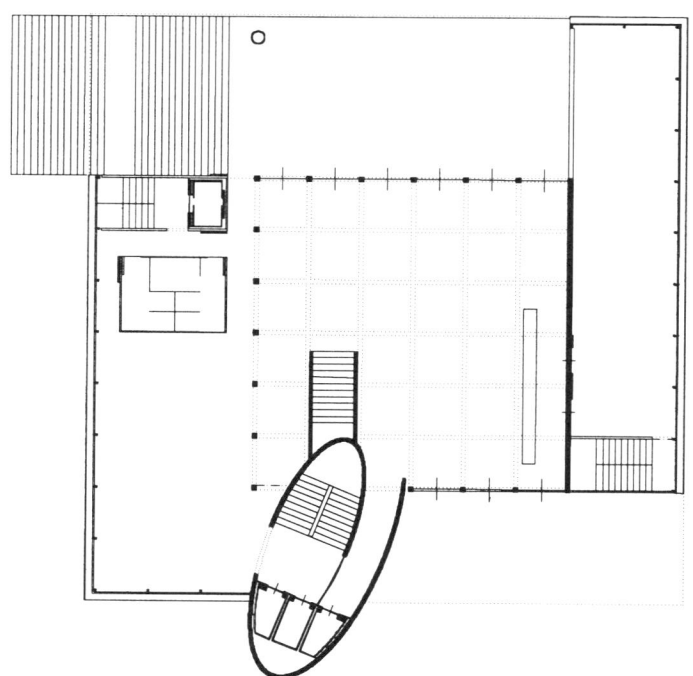

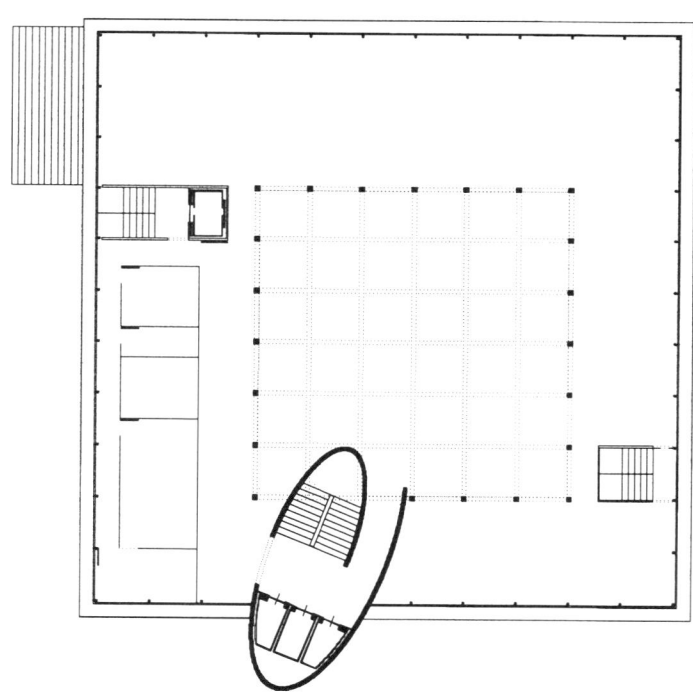

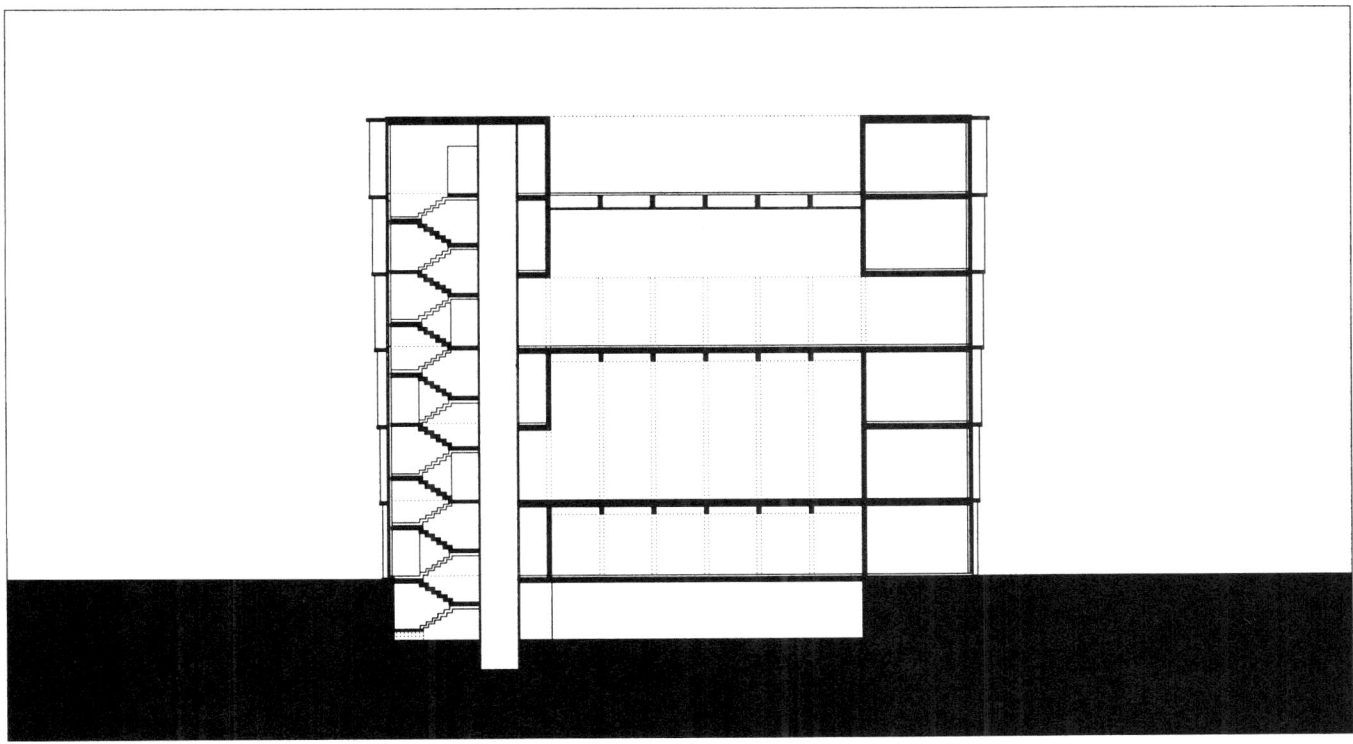

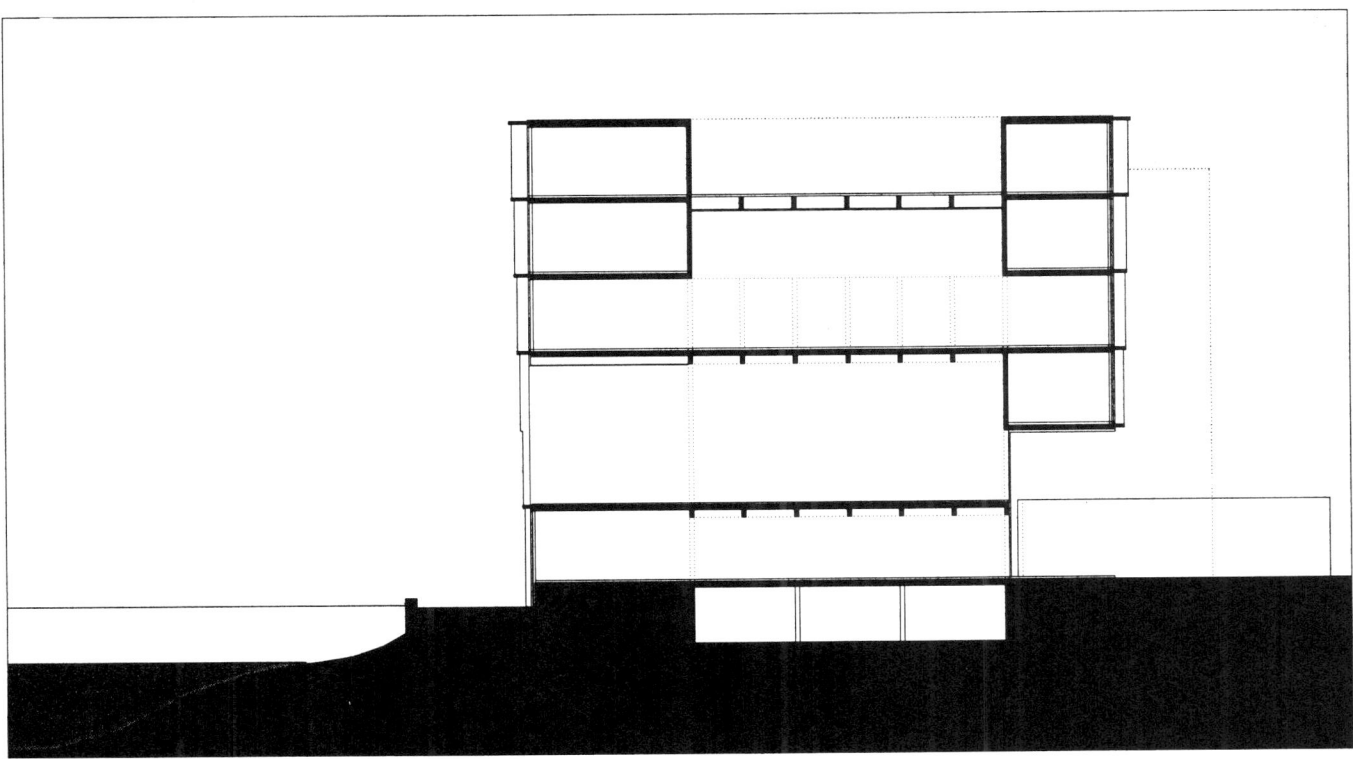

Werkverzeichnis
List of Projects

Cizegg
Altach / Vorarlberg
Realisierung 1984–1985

Reihenhausanlage Baschenegger
Dornbirn / Vorarlberg
Projekt 1984

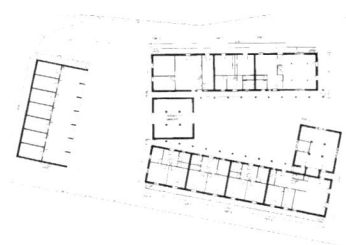

Reihenhausanlage Bogenstraße
Wolfurt / Vorarlberg
Realisierung 1984–1986

Büroumbau Zumtobel Leuchten
Dornbirn / Vorarlberg
Realisierung 1984

Doppelwohnhaus Kabasser
Dornbirn / Vorarlberg
Realisierung 1984–1986

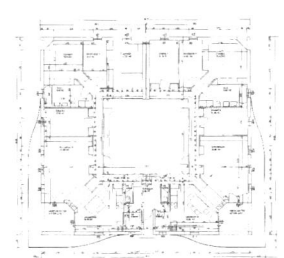

Wohnhaus Amann
Altach / Vorarlberg
Realisierung 1985–1986

Wohnhaus Malin
Wolfurt / Vorarlberg
Realisierung 1984–1985

Berufsschule
Bregenz / Vorarlberg
Wettbewerb (3. Preis) 1984

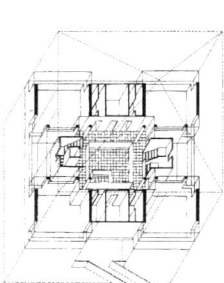

Hausgruppe Hohewies
Hohenems / Vorarlberg
Realisierung 1984–1986

Wohnbau „Am Speyerbach"
Speyer / Deutschland
Wettbewerb 1984

Schule Sulden
Sulden / Italien
Wettbewerb 1984

Geschäftsumbau Burger
Anton-Schneider-Straße
Bregenz / Vorarlberg
Realisierung 1985

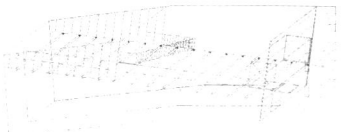

Umbau Headhaus
Anton-Schneiderstraße
Bregenz / Vorarlberg
Realisierung 1985

Umbau Wohnhaus Burger Ölrain
Bregenz / Vorarlberg
Projekt 1985

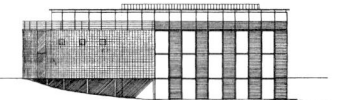

Ferienhaus Netzer
Schruns / Vorarlberg
Realisierung 1985

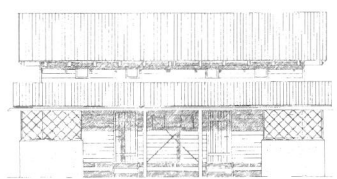

Umbau Wohnhaus Hutter
Dornbirn / Vorarlberg
Realisierung 1985 – 1986

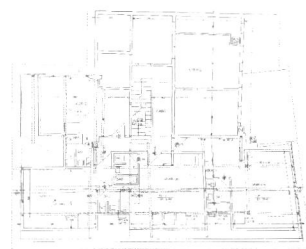

Verwaltungsgebäude VKW
Bregenz / Vorarlberg
Realisierung 1985

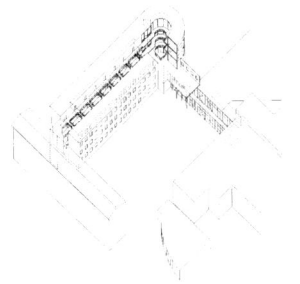

Wohnhaus Begle
Lochau / Vorarlberg
Realisierung 1986

Wohnhaus Siebmacher
Göfis / Vorarlberg
Realisierung 1985 – 1986

Wohnhaus König
Altach / Vorarlberg
Realisierung 1986 – 1987

Wohnanlage Vogelhuber
Schwarzach / Vorarlberg
Projekt 1985

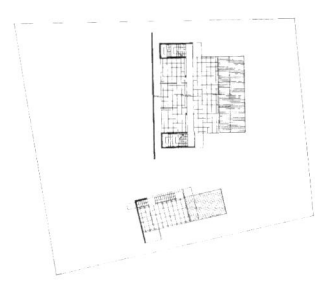

„Zwischen zwei Stühlen"
Bregenz / Vorarlberg
Ausstellungsarchitektur 1986

Wohnprojekt Schwarzach
Schwarzach / Vorarlberg
Projekt 1985

Wohnsiedlung Zellgasse
Lustenau / Vorarlberg
Realisierung 1986 – 1988

Wohnanlage „AGIP"
Bregenz / Vorarlberg
Realisierung 1986 –1988

Wohnanlage Giesingen
Feldkirch / Vorarlberg
Realisierung 1986

Umbau Wohnhaus Marte
Götzis / Vorarlberg
Realisierung 1986

Kindergarten Mäder
Mäder / Vorarlberg
Wettbewerb (3. Preis) 1986

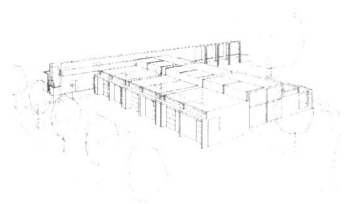

Erweiterung Betriebsgebäude
Meusburger
Lustenau / Vorarlberg
Realisierung 1986

Wonhaus und Ateliergebäude
Ludescher
Suldis / Vorarlberg
Realisierung 1987–1988

Umbau Wohnhaus Wohlgenannt
Dornbirn / Vorarlberg
Realisierung 1986

Wohnhaus Moosbrugger
Bregenz / Vorarlberg
Realisierung 1987–1989

Umbau Büro Zumtobel Schweiz
Zürich / Schweiz
Realisierung 1986

Wohnhaus Egger
Schwarzach / Vorarlberg
Realisierung 1987–1988

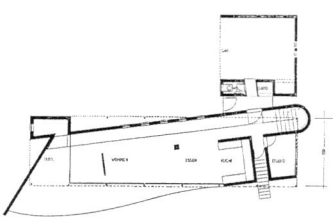

Umbau Büro Zumtobel Italien
Mailand / Italien
Realisierung 1986

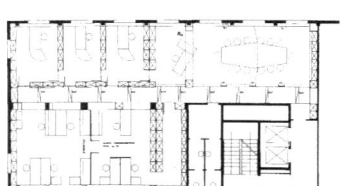

Wohnhaus Götsch
Fügen / Tirol
Realisierung 1987–1989

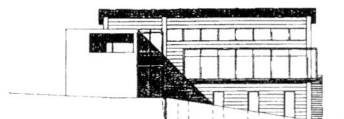

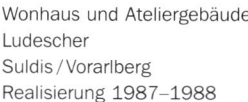

Betriebsgebäude Head
Wolfurt / Vorarlberg
Realisierung 1987–1988

Zubau Atelier Dünser
Mäder / Vorarlberg
Realisierung 1987

Messestand Zumtobel Leuchten
Hannover / Deutschland
Realisierung 1987

Umbau Büro Zumtobel
Graz / Steiermark
Realisierung 1987

Umbau Wohnhaus Pongratz
Hohenems / Vorarlberg
Realisierung 1987–1988

Wohnhaus Feuerstein
Hard / Vorarlberg
Realisierung 1988

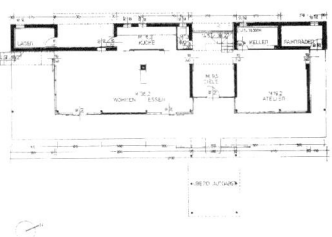

Umbau Grafikatelier Baschenegger
Dornbirn / Vorarlberg
Realisierung 1987

Wohnhaus Hann
Hörbranz / Vorarlberg
Realisierung 1988

Umbau „Lugerhaus"
Geschäfts- und Bürogebäude
Dornbirn / Vorarlberg
Realisierung 1987–1988
Zusammenarbeit mit
Robert Felber, Eckehard Krischke

„Malermacht"
Bregenz / Vorarlberg
Ausstellungsarchitektur 1988

Umbau »Madrisa«, Tri Donic
Verwaltungs- und Produktions-
gebäude
Dornbirn / Vorarlberg
Realisierung 1987–1988

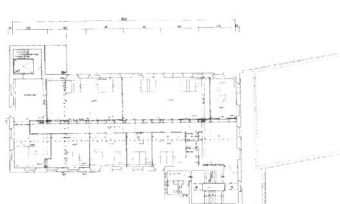

Wohnbau Neuköln
Berlin / Deutschland
Wettbewerb (1. Preis) 1988
Arbeitsgemeinschaft mit Stridde /
Bremen

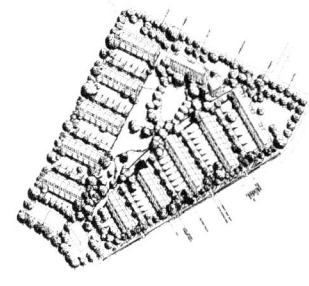

Geschäftshaus Dörler–Stöckler
Lochau / Vorarlberg
Realisierung 1988 –1989

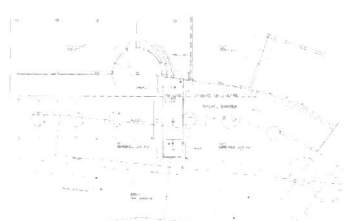

Wohnanlage Sonderberg
Götzis / Vorarlberg
Realisierung 1989–1994
Arbeitsgemeinschaft mit Werner
Wertaschnigg, Norbert Schweitzer

Betriebswohnungen
Hämmerle + Vogel
Lustenau / Vorarlberg
Realisierung 1988

Wohnanlage Rohrbach
Dornbirn / Vorarlberg
Gutachterverfahren
Realisierung 1989–1993

Umbau Wohnhaus Schmidt
Dornbirn / Vorarlberg
Realisierung 1988

Wohnanlage Lauterach
Bahnhofstraße
Lauterach / Vorarlberg
Realisierung 1989–1992

Verwertungsstudie
Weberei Rhomberg
Rankweil / Vorarlberg
Studie 1988

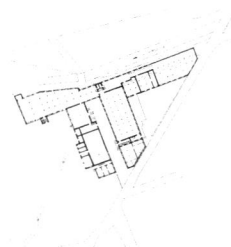

Zentrum Wolfurt
Wolfurt / Vorarlberg
Städtebaulicher Wettbewerb
(3. Preis) 1989

Wohnhaus Dr. Mayer
Götzis / Vorarlberg
Realisierung 1989–1990

Landesgalerie
Bregenz / Vorarlberg
Wettbewerb 1989

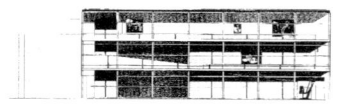

Reihenhausanlage Nofels
Feldkirch / Vorarlberg
Realisierung 1989–1993

Pfarrheim Mäder
Mäder / Vorarlberg
Realisierung 1989–1991

Zubau Schneiderei Nachbauer
Altach / Vorarlberg
Projekt 1989

Wohnanlage Kehlerstraße
Dornbirn / Vorarlberg
Realisierung 1990–1993

Verwaltungsgebäude Otten
Hohenems / Vorarlberg
Gutachterverfahren
Projekt 1989

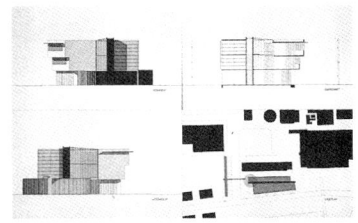

Wohnbebauung Reutin
Lindau / Deutschland
Realisierung 1990–1994

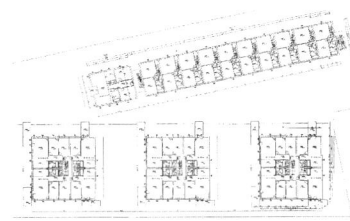

Glashaus Begle
Lochau / Vorarlberg
Realisierung 1989

Tennishalle
Lauterach / Vorarlberg
Wettbewerb (3. Preis) 1990

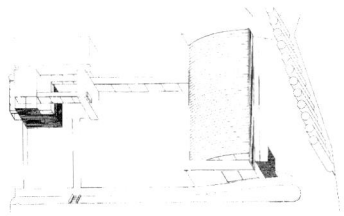

Wohnhaus Hamm
Mäder / Vorarlberg
Realisierung 1990–1991

HTL (Höhere Technische Lehr- und
Versuchsanstalt)
Bregenz / Vorarlberg
Wettbewerb (1. Preis) 1990
Realisierung 1994–1997
Arbeitsgemeinschaft mit Norbert
Schweitzer

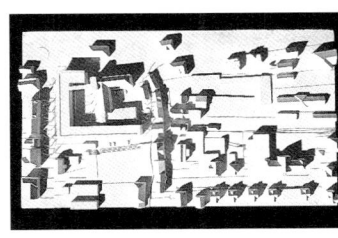

Städtebauliche Studie Vogelherd
St. Gallen / Schweiz
Wettbewerb 1990

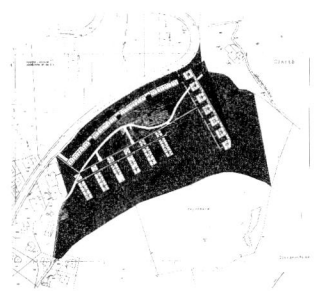

Betriebsgebäude Adam Rhau
Bregenz / Vorarlberg
Realisierung 1990–1991

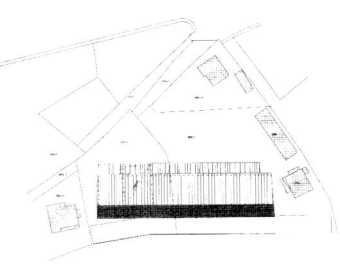

Wohnbebauung Reuthegasse
Bregenz / Vorarlberg
Realisierung 1990

Betriebsgebäude Oblag
Lustenau / Vorarlberg
Projekt 1990

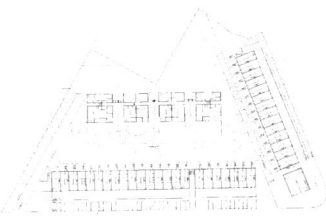

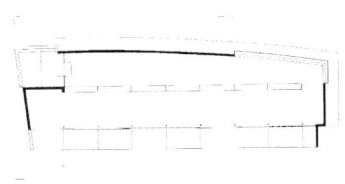

Betriebsgebäude Condac
Altstätten / Schweiz
Projekt 1990

Umbau Betriebsgebäude Dotter
Wolfurt / Vorarlberg
Realisierung 1990

Zubau Wohnhaus Marte
Götzis / Vorarlberg
Realisierung 1990

Umbau Länderbankfiliale
Riezlern / Vorarlberg
Realisierung 1990

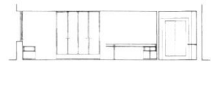

Umbau Wohnhaus Otto Burger
Bregenz / Vorarlberg
Realisierung 1990

Umbau Zumtobel
München / Deutschland
Realisierung 1990

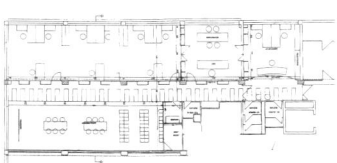

Umbau Redaktion »Neue Vorarl-
berger Tageszeitung«
Bregenz / Vorarlberg
Realisierung 1990

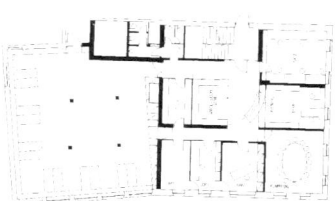

Umbau Zumtobel
Innsbruck / Tirol
Realisierung 1990

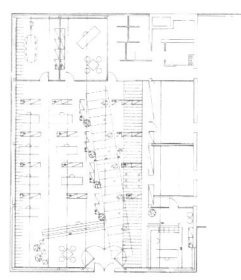

Umbau Kanzlei Winkler
Bregenz / Vorarlberg
Realisierung 1990

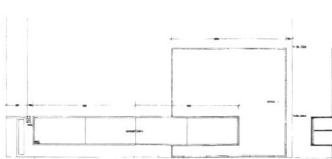

Wohnanlage Lustenau Sand
Lustenau / Vorarlberg
2-stufiger Wettbewerb (1. Preis)
1990
Realisierung 1990–1996
Arbeitsgemeinschaft mit
Norbert Schweitzer

Geschäftsumbau »Neuer Mann«
Dornbirn / Vorarlberg
Realisierung 1990

Messestand Morscher
Dornbirn / Vorarlberg
Realisierung 1990

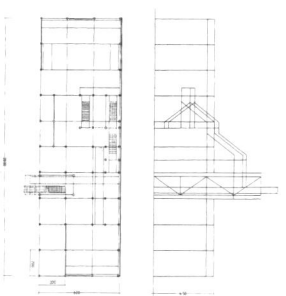

Geschäftsumbau Burger
Bregenz / Vorarlberg
Realisierung 1990

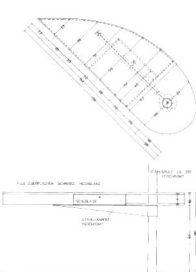

Wohnanlage Ardetzenberg
Feldkirch / Vorarlberg
Projekt 1991

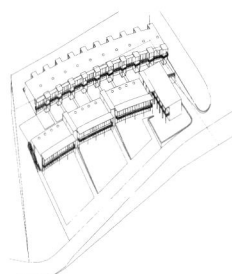

Wohnhaus Hefel
Hohenweiler / Vorarlberg
Realisierung 1991–1992

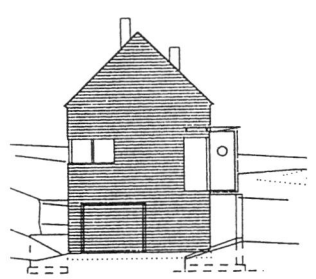

Gewerbliche Berufsschule
Bregenz / Vorarlberg
Wettbewerb (1. Preis) 1991
Realisierung 1992–1995
Arbeitsgemeinschaft mit
Norbert Schweitzer

Wohnhaus Rohner
Fussach / Vorarlberg
Realisierung 1991–1992

Segelclub Lindau
Lindau / Deutschland
Wettbewerb 1991

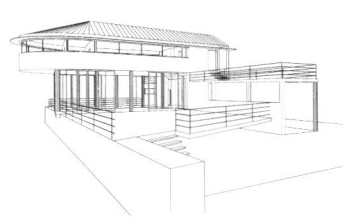

Wohnhaus Kremmel
Altach / Vorarlberg
Realisierung 1991–1993

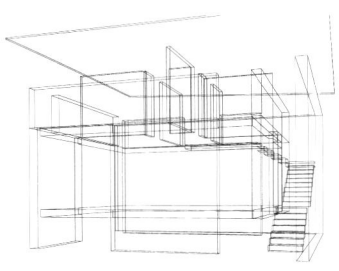

Haupt- und Sonderschule
Weidach
Bregenz / Vorarlberg
Wettbewerb (3. Preis) 1991

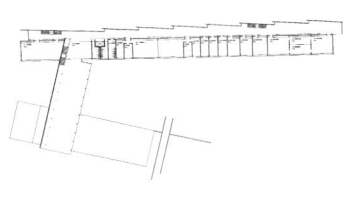

Wohnanlage Lustenau
Lustenau / Vorarlberg
Geladener Wettbewerb (2. Preis)
1991

Ortszentrum Mäder
Mäder / Vorarlberg
Wettbewerb (2. Preis) 1991

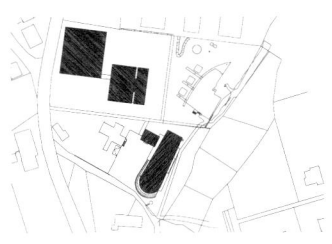

Wohnanlage Bitzestraße
Höchst / Vorarlberg
Realisierung 1991–1996

Verwaltungsgebäude Häusle
Lustenau / Vorarlberg
Projekt 1991

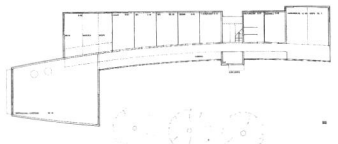

Reitstall Fischer
Breitbrunn / Oberösterreich
Realisierung 1991–1992
Arbeitsgemeinschaft mit Christian
Mackrowetz

Umbau Wohnhaus Wachter
Lustenau / Vorarlberg
Realisierung 1991

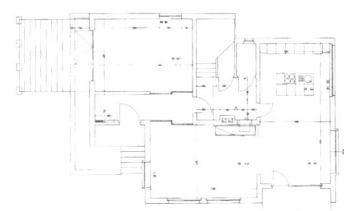

Betriebsgebäude Alcatel
Lustenau / Vorarlberg
Realisierung 1991–1992

Umbau Zumtobel Frankreich
Paris / Frankreich
Realisierung 1991

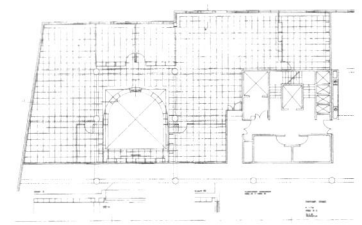

Gewerbezentrum Schwefel
Dornbirn / Vorarlberg
Projekt 1991

Krafthaus Alberschwende
Alberschwende / Vorarlberg
Wettbewerb (1. Preis)
Realisierung 1991–1993

Gemeindesaal Mäder
Mäder / Vorarlberg
Realisierung 1991–1995

„Flexibles Büro" Büromöbel
Andelsbuch / Vorarlberg
Zusammenarbeit mit Anton Moor
Realisierung 1992

Geschäftsumbau Duelli
Hohenems / Vorarlberg
Realisierung 1991

Wohnanlage Brunnenfeld
Bludenz / Vorarlberg
Realisierung 1992–1995

Erweiterung Firma Kaiser
Bregenz / Vorarlberg
Realisierung 1991

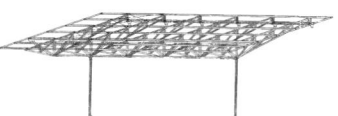

Wohnanlage Negrellistraße
Lustenau / Vorarlberg
Realisierung 1992–1993

Wohnanlage Unterfeld
Lauterach / Vorarlberg
Realisierung 1992–1995

Zubau Betriebsgebäude Feyco
Mäder / Vorarlberg
Projekt 1992

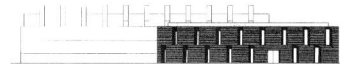

Pfarrheim Satteins
Satteins / Vorarlberg
Wettbewerb (1. Preis) 1992
Realisierung 1995–1996

Geschäftsumbau
„Cosmetic Christine"
Bregenz / Vorarlberg
Realisierung 1992

Messehalle Dornbirn
Dornbirn / Vorarlberg
Wettbewerb (2. Preis) 1992

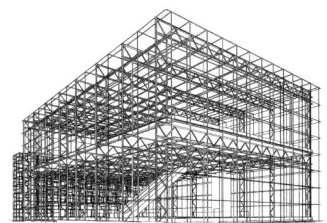

Umbau Wohnhaus Natter
Feldkirch / Vorarlberg
Realisierung 1992

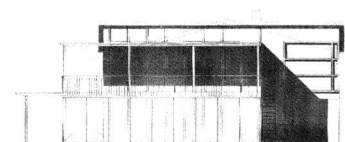

Rathaus Bregenz
Bregenz / Vorarlberg
Wettbewerb (1. Preis) 1992
Arbeitsgemeinschaft mit
Norbert Schweitzer

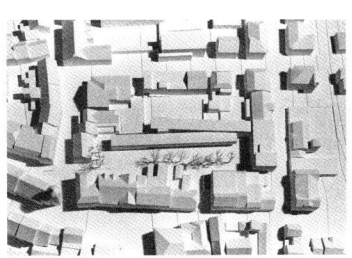

Skinyshop Wien
Wien
Realisierung 1992

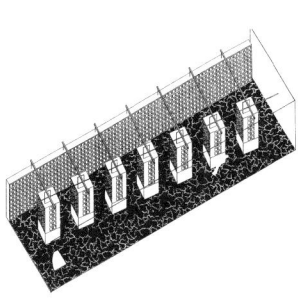

Clubhaus FC Victoria
Bregenz / Vorarlberg
Realisierung 1992–1993

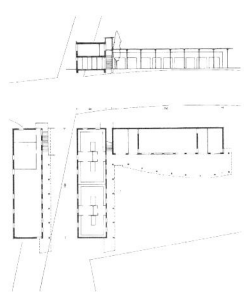

Aufstockung Architekturbüro
Lochau / Vorarlberg
Realisierung 1992

Einkaufszentrum Sutterlütty
Lustenau / Vorarlberg
Wettbewerb 1992

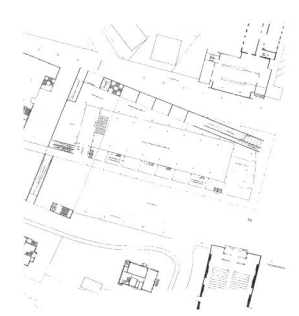

Umbau Hauptverwaltung
Zumtobel Leuchten
Dornbirn / Vorarlberg
Realisierung 1992

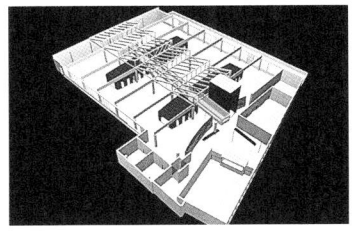

Erweiterung Reichshofstadium
Lustenau
Lustenau / Vorarlberg
Projekt 1992

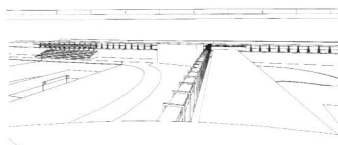

Wohnanlage Reuthegasse
Bregenz / Vorarlberg
Realisierung 1993–1996

Wohnbau Balzers
Liechtenstein
Wettbewerb (2. Preis) 1992
Arbeitsgemeinschaft mit Gert
Jäger, Crispin Amrein

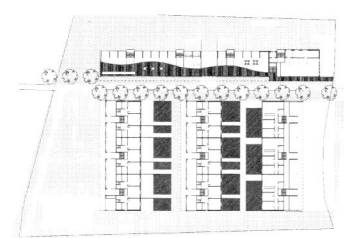

Wohnanlage Kapellenweg
Feldkirch / Vorarlberg
Realisierung 1993–1996

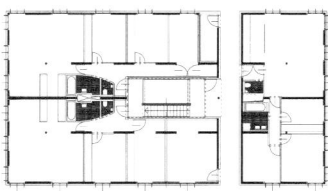

Feuerwehrhaus Dornbirn
Dornbirn / Vorarlberg
Wettbewerb 1992

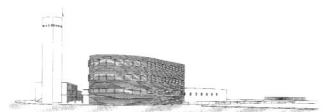

Wohnanlage Eulentobel
Wolfurt / Vorarlberg
Realisierung 1993–1995

Wohnhaus Häusler
Hard / Vorarlberg
Realisierung 1993–1995

Wohnanlage Am Mühlbach
St. Pölten / Niederösterreich
Realisierung 1993–1995
Arbeitsgemeinschaft mit
Peter Raab, Wien

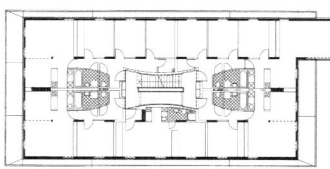

Wohnhaus Bernhard Burger
Bregenz / Vorarlberg
Realisierung 1993–1994

Wohnanlage Nüziders
Nüziders / Vorarlberg
Realisierung 1993–1995

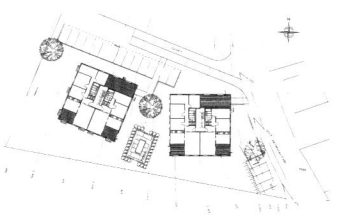

Wohnbebauung Achselngut
St. Gallen / Schweiz
Realisierung 1993–1998
Arbeitsgemeinschaft mit
Gebrüder Senn / St. Gallen

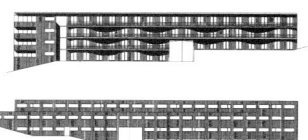

Wohnanlage Rheinstraße
Mäder / Vorarlberg
Realisierung 1993–1995

Stadion Tribüne Bregenz
Bregenz / Vorarlberg
Wettbewerb 1993

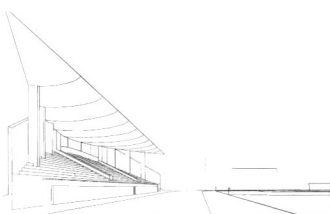

Hotel Martinspark
Dornbirn / Vorarlberg
Realisierung 1993–1994

Wohnbau Krems
Krems / Niederösterreich
Wettbewerb 1993
Arbeitsgemeinschaft mit
Peter Raab, Wien

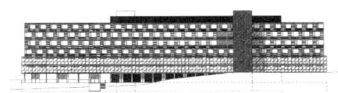

Wohn- und Geschäftshaus
Kronenareal
Lustenau / Vorarlberg
Realisierung 1993–1997

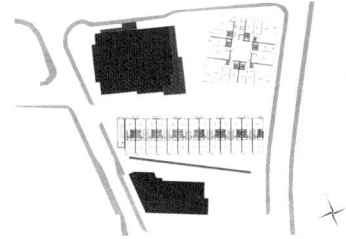

Betriebsgebäude
Lagertechnik Wolfurt
Wolfurt / Vorarlberg
Realisierung 1993

Städtebaulicher Wettbewerb
Süssenbrunn
Süssenbrunn / Wien
Wettbewerb 1993

Gewerbegebäude Altenstact
Feldkirch / Vorarlberg
Projekt 1993

Fußgängerzone Kaiserstraße
Bregenz / Vorarlberg
Wettbewerb 1993

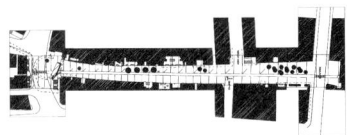

Einkaufszentrum Bregenz
Bregenz / Vorarlberg
Realisierung 1993–1997

Zubau Wohnhaus Brändle
Bregenz / Vorarlberg
Realisierung 1993

Wohnanlage Lindenweg
Lauterach / Vorarlberg
Realisierung 1993–1995

Umbau Büro Sagmeister
Bregenz / Vorarlberg
Realisierung 1993

Studie Festspielhaus
Bregenz / Vorarlberg
Studie 1993

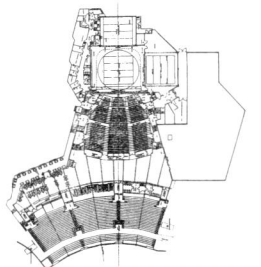

Wohnhaus Schöller
Hard / Vorarlberg
Wettbewerb 1994

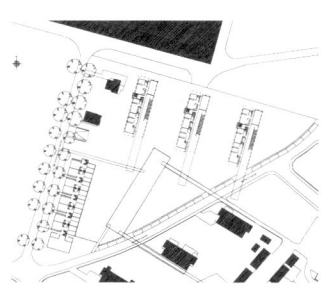

Zubau Wohnhaus Eva Eberle
Lochau / Vorarlberg
Realisierung 1993

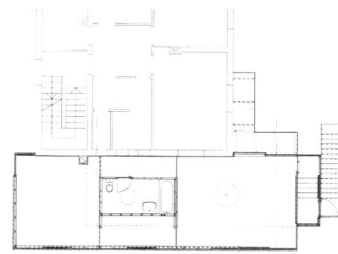

Städtebaulicher Wettbewerb
Bernhardwies
St. Gallen / Schweiz
Wettbewerb (1. Preis) 1994

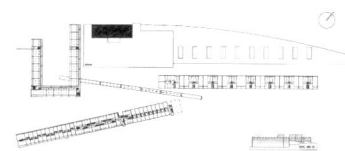

Umbau Büro Zumtobel Holding
Dornbirn / Vorarlberg
Realisierung 1993

Wohnanlage Gehren
Lochau / Vorarlberg
Projekt 1994

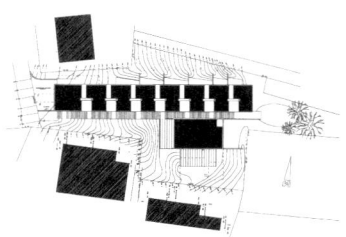

Wohnhaus Michael Burger
Bregenz / Vorarlberg
Realisierung 1994

Wohnanlage Pongartstraße
Dornbirn / Vorarlberg
Realisierung 1994–1996

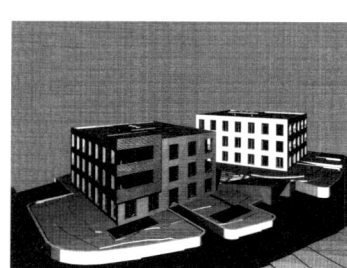

Wohnhaus Hölbl
Lauterach / Vorarlberg
Realisierung 1994

Wohnanlage Mildenberg
Bregenz / Vorarlberg
Projekt 1994

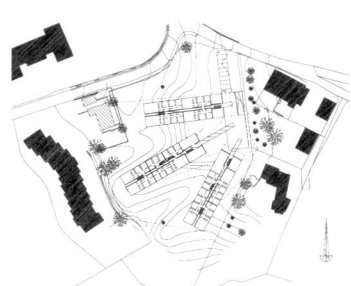

Wohnanlage Schatzgründe
Hohenems / Vorarlberg
Wettbewerb 1994

Städtebaulicher Wettbewerb Erfurt
Erfurt / Deutschland
Wettbewerb 1994

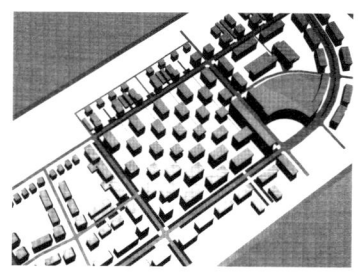

Pfarrheim Nenzing
Nenzing / Vorarlberg
Wettbewerb 1994

Verwaltungsgebäude Rhomberg
Bregenz / Vorarlberg
Wettbewerb (1. Preis) 1994

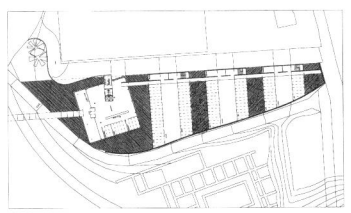

EXPO Budapest
Gutachterverfahren

Betriebsgebäude Graf
Dornbirn / Vorarlberg
Realisierung 1994–1995

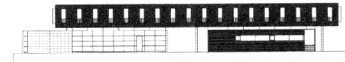

Football Stadium
Exeter / Mass / USA
Wettbewerb 1994

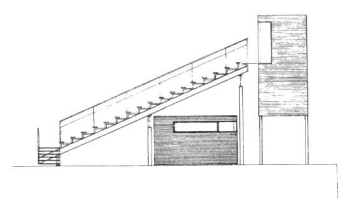

Städtebauliche Studie Nofels
Feldkirch / Vorarlberg
Projekt 1994

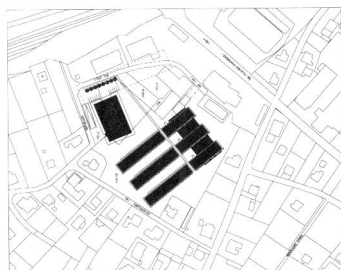

Finanzamt Bregenz
Bregenz / Vorarlberg
Wettbewerb 1994

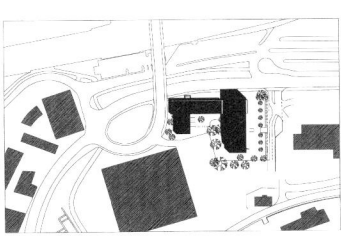

Städtebauliche Studie Alberloch
Lochau / Vorarlberg
Projekt 1994

Betriebsgebäude Holz-Altenried
Hergatz / Deutschland
Realisierung 1994–1995

Ortszentrum Schwarzach
Schwarzach / Vorarlberg
Projekt 1994

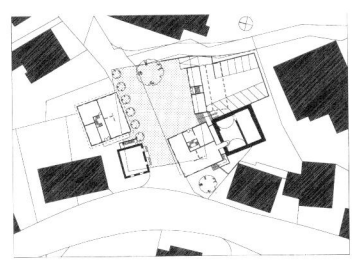

Geschäftshaus »Seestadt«
Bregenz / Vorarlberg
Wettbewerb (3. Preis) 1994

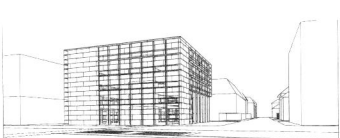

Betriebsgebäude
Betonwerk Rhomberg
Dornbirn / Vorarlberg
Projekt 1994

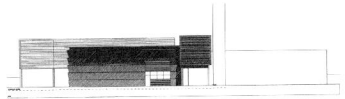

Umbau Wohn- und Atelierhaus
Bösch
Hörbranz / Vorarlberg
Realisierung 1994–1995

Wohnhaus Gaugg
Bregenz / Vorarlberg
Projekt 1995

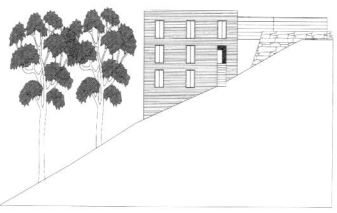

Schauraum Rein
Dornbirn / Vorarlberg
Projekt 1994

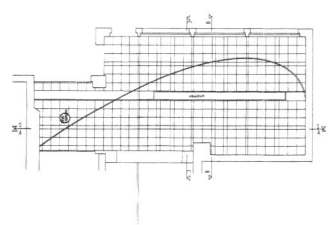

Wohnhaus Büchel
Vaduz / Liechtenstein
Realisierung 1995–1996

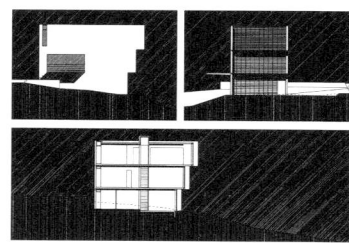

Einkaufszentrum Bludenz
Bludenz / Vorarlberg
Realisierung 1994–1997

Wettbewerb Schöller Bregenz
Bregenz / Vorarlberg
Wettbewerb (2. Preis) 1995

Studie Gewerbegebäude Schertler
Lauterach / Vorarlberg
Projekt 1994

Wohnbau Königsbrunn
Königsbrunn / Deutschland
Wettbewerb 1995

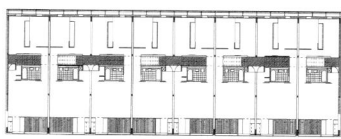

Wohn- und Geschäftshaus
Bahnhofstraße
Bludenz / Vorarlberg
Realisierung 1994

Wohnbebauung Mozartstraße
Dornbirn / Vorarlberg
Projekt 1995

Studie Wohn- und Geschäftshaus
Schlins
Schlins / Vorarlberg
Projekt 1994

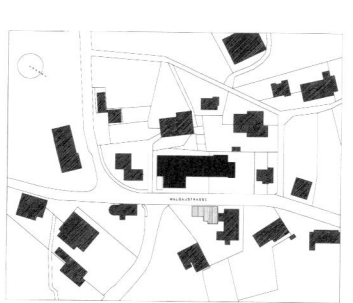

Wohnbebauung Bildgasse
Dornbirn / Vorarlberg
Projekt 1995

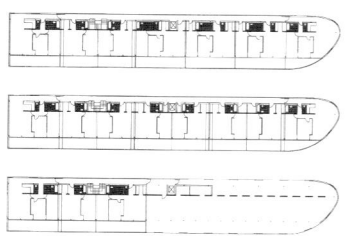

Wohnbebauung V78
Bludenz / Vorarlberg
Projekt 1995

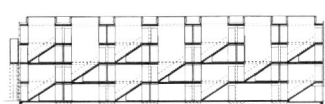

Umbau Raiffeisenbank Bregenz
Bregenz / Vorarlberg
Realisierung 1995–1996

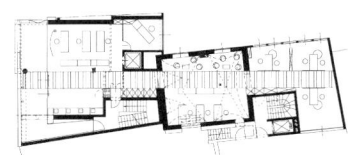

Wohnbebauung Rohrbach II
Dornbirn / Vorarlberg
Projekt 1995

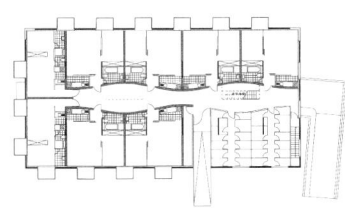

Geschäftsumbau Schulgasse
Dornbirn / Vorarlberg
Realisierung 1995

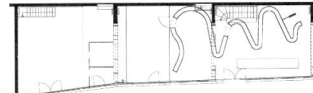

Fachhochschule Deggendorf
Deggendorf / Deutschland
Wettbewerb (1. Preis) 1995

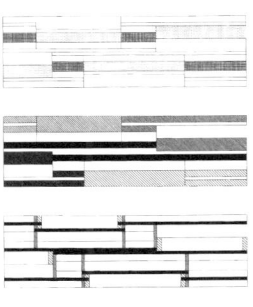

Geschäftsumbau Sagmeister
Bregenz / Vorarlberg
Realisierung 1995

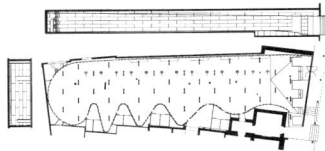

Umbau Gymnasium Kloster
Mehrerau
Bregenz / Vorarlberg
Wettbewerb 1995

Zubau Wohnhaus Malin
Bregenz / Vorarlberg
Realisierung 1995

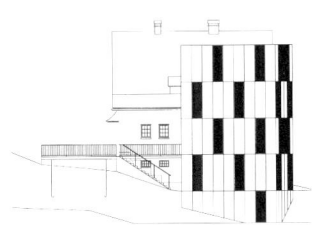

Bank für Tirol und Vorarlberg
Wolfurt / Vorarlberg
Gutachterverfahren (1. Preis)
1995

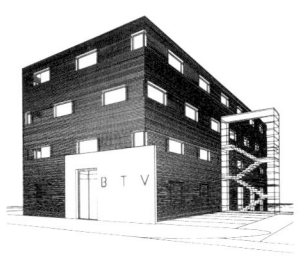

Wohnhaus Kern
Lochau / Vorarlberg
Realisierung 1995–1996

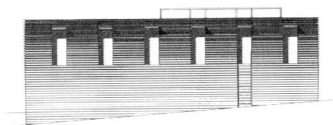

Ortszentrum Lochau
Städtebaulicher Wettbewerb
(Weiterbearbeitung)
Lochau / Vorarlberg
Wettbewerb 1995

Gymnasium Lustenau
Lustenau / Vorarlberg
Wettbewerb 1995

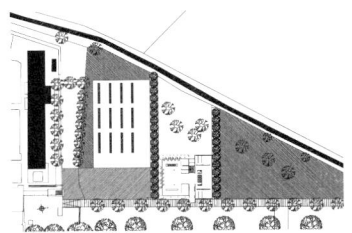

Betriebsgebäude Saeco
Lustenau / Vorarlberg
Realisierung 1995–1996

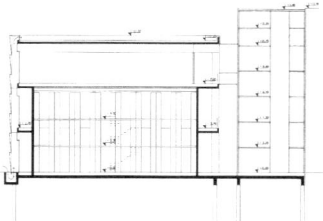

Zubau Gymnasium Feldkirch
Wettbewerb 1996

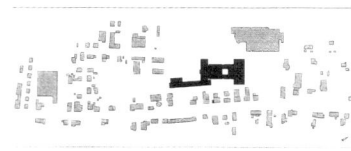

Bauhof Bregenz
Bregenz / Vorarlberg
Projekt 1995

Wohnanlage Bildsteinstraße
Wolfurt / Vorarlberg
Projekt 1996

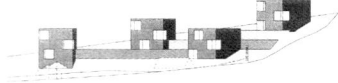

Golfclub Lindau
Lindau / Deutschland
Wettbewerb 1989

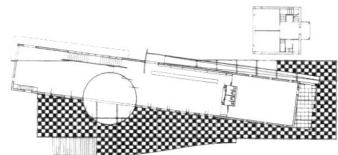

Zubau Dr. Böhler
Schwarzach / Vorarlberg
Projekt 1996

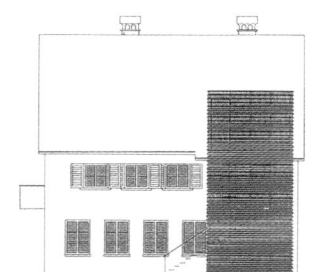

Wohnbau Hörbranz
Hörbranz / Vorarlberg
Wettbewerb 1990

Wohnhaus Angelika Böhler
Dornbirn / Vorarlberg
Projekt 1996

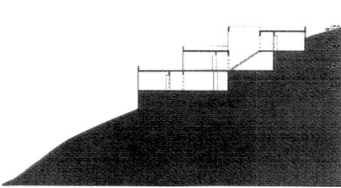

Hauptschule Mäder
Mäder / Vorarlberg
Realisierung 1996

Wohnbau Hard / Vorarlberg
Projekt 1996

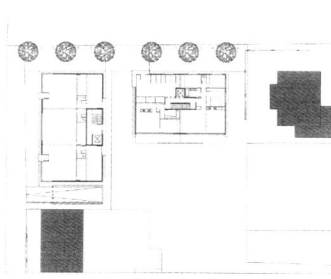

Kraftwerk Schruns / Vorarlberg
Wettbewerb 1996

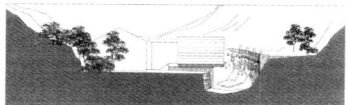

Wohnbau Vonach
Lauterach / Vorarlberg
Projekt 1996

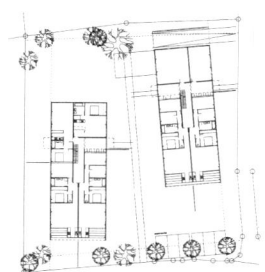

Aufstockung Burger
Bregenz / Vorarlberg
Realisierung 1996

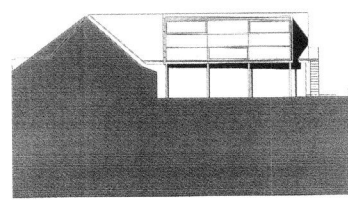

Wohnanlage Neue Heimat Tirol
Innsbruck
Realisierung 1996

VKW Umspannwerk
Hörbranz / Vorarlberg
Projekt 1996

Volksschule Wien 22
Prandaugasse
Wien / Österreich
Wettbewerb (Ankauf) 1996

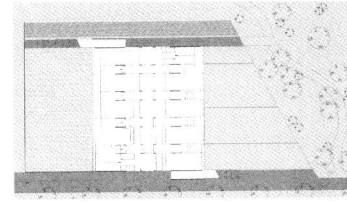

Martinspark K4
Erweiterung
Realisierung 1996

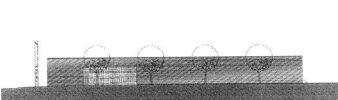

Gartenstadt Hellerau
Erweiterung
Wettbewerb 1996

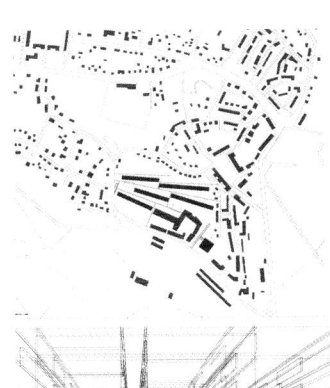

Bayerische Spielbank
Lindau / Deutschland
Wettbewerb (1. Preis) 1996

Österreichische Botschaft Berlin
Berlin / Deutschland
Wettbewerb 1996

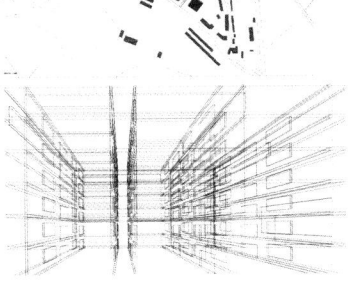

Wohnbau Rankweil / Vorarlberg
Realisierung 1996

Zubau Dünser
Mäder / Vorarlberg
Projekt 1996

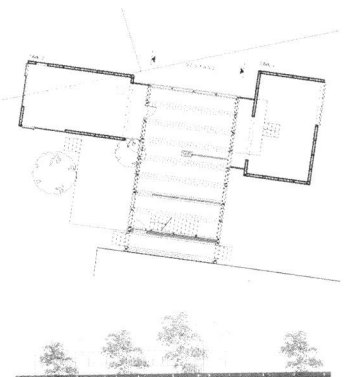

Wohnbau Altach / Vorarlberg
Realisierung 1996

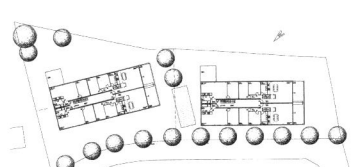

Zubau Huber
Schruns / Vorarlberg
Projekt 1996

Carlo Baumschlager

Geboren 1956 in Bregenz, Vorarlberg
            Born in Bregenz, Vorarlberg in 1956
1975–1978 Studium an der Hochschule für angewandte Kunst, Wien, Industrie-Design
(Prof. Hans Hollein), Architektur (Prof. Wilhelm Holzbauer, Prof. Oswald M. Ungers)
            Studied at the University of Applied Arts in Vienna, Industrial Design (Prof. Hans Hollein),
            Architecture (Prof. Wilhelm Holzbauer, Prof. Oswald M. Ungers) from 1975–1978
1982 Diplomabschluß bei Prof. Wilhelm Holzbauer
            1982 Diploma (Prof. Wilhelm Holzbauer)
1974–1975 Design-Volontariat bei BBC Bregenz
            1974–1975 Design-trainee at BBC Bregenz
1982–1984 Selbständiger Baukünstler
            1982–1984 Freelance „Baukünstler"
1984–1985 ARGE Baumschlager-Eberle-Egger
            1984–1985 Working group Baumschlager-Eberle-Egger
ab 1985 ARGE Baumschlager-Eberle
            since 1985 Working group Baumschlager-Eberle

Lehrtätigkeit:
            Teaching Engagements:
1994 Syracuse University, New York

Dietmar Eberle

Geboren 1952 in Hittisau, Bregenzerwald, Vorarlberg
            Born in Hittisau, Bregenzerwald, Vorarlberg in 1952
1973–1978 Studium an der Technischen Hochschule, Wien
(Diplomabschluß bei Prof. Anton Schweighofer)
            Studied at the Technical University of Vienna from 1973–1978
            (Diploma Prof. Anton Schweighofer)
1976–1977 Arbeitsaufenthalt im Iran, Städtebaustudie
            1976–1977 Iran, worked on urban development
1979–1982 Arbeitsgemeinschaft Cooperative Bau- und Planungsges.m.b.H. mit Markus Koch,
Norbert Mittersteiner und Wolfgang Juen
            1979–1982 Working group Cooperative Bau- und Planungsges.m.b.H. with Markus Koch,
            Norbert Mittersteiner, and Wolfgang Juen
1982–1984 Arbeitsgemeinschaft Baumschlager-Eberle-Egger
            1982–1984 Working group Baumschlager-Eberle-Egger
ab 1985 ARGE Baumschlager-Eberle
            since 1985 Working group Baumschlager-Eberle

Lehrtätigkeit
            Teaching Engagements:
1983–1988 Technische Universität Hannover
1987–1989 Technische Universität Wien, Institut für Wohnbau
1989–1990 Hochschule für künstlerische und visuelle Gestaltung, Linz
1991–1993 ETH Zürich
1994 Syracuse University, New York

Bibliographie
Bibliography

Zeitschriften
Periodicals

a3 BAU (A) Das österreichische
Baumagazin
4/95
Haus Burger, p. 30
Selbstbau Haus in Höchst, p. 31
Berufsschule Bregenz, p. 32

AIT (D)
4/96
Lagertechnik Wolfurt, p. 45

A + D (D)
Nr. 6
Gewerbliche Berufsschule in Bregenz,
p. 28-31
Reihenhäuser in Nofels, p. 32-35

Architectura viva (E)
11-12/95
Lagertechnik Wolfurt, p. 30-33
5-6/96
Holz Altenried, p. 34-37

Architektur aktuell (A)
2/91 (141)
Utopien im Wohnbau: Wohnanlage in
Bregenz, p. 58-62
4/92 (149)
Haus Ludescher in Zwischenwasser, p. 43
Haus Begle in Lochau, p. 44-45
3/93 (156)
Alcatel-Niederlassung, Lustenau, p. 26-29
10/93 (162)
Krafthaus des Kraftwerks Alberschwende,
p. 37-39
Großraumbüro Zumtobel, p. 64-66
10/94 (172)
Lagertechnik Wolfurt, p. 78-85
4/95 (178)
Gewerbliche Berufsschule Bregenz, p. 28-
37
9/95 (183)
Gemeindesaal Mäder, p. 32-39
Holz Altenried, p. 40-45
1-2/96 (187/188)
Betriebsgebäude der Elektrofirma Graf in
Dornbirn, p. 106-117

Architektur (A)
3/96 Heft 2, Einfach Bauen
Wohnanlage in Wolfurt, p. 58-61

Architektur & Bauforum (A)
155/93
Kraftwerk Alberschwende an der Bregenzerach, p. 66-68

Archithese (CH)
3/82
Haus Helbock in Koblach, p. 50

baumeister (D)
5/94
Kraftwerk Alberschwende bei Bregenz,
p. 12-14

8/95
Wohnhaus Burger in Bregenz, p. 12-16
10/95
Holz Altenried, p. 14-19
10/95
Schulbau Bregenz, p.18-25
1/96
Hotel Martinspark, p. 14-18
3/96
Wohnanlage in Dornbirn „Rohrbach-Park",
p. 41-43
5/96
Industriebau in Dornbirn, p. 43-47

Bauwelt (D)
12/95 Heft 45
Gemeindesaal Mäder, p. 2604-2605

Das neue Wohnen (CH)
4-5/83 Heft 2
Haus Hämmerle in Fußach, p. 68-76

db (D)
6/84
Anmerkungen zu einem Industriebau in
Vorarlberg
Büro und Lagergebäude in Lochau, p. 34-35
7/88
Haus Begle, p. 41-43
10/89
Anmerkungen zu einem Industriebau in
Vorarlberg
Büro- und Lagergebäude in Lochau,
p. 54-56
8/90
Vorarlberger Raum: Terrassensiedlung in
Bregenz, p. 26-33
3/92
Atelier Baumschlager, p. 30-31
12/92
Umbau eines Wohnhauses in Hohenems,
p. 45-47
9/95
Abseits vom Mainstream
Wohnbebauung in der Negrellistraße in
Lustenau, p. 70-71
Wohnhaus in Hard, p. 72-73
Gemeindesaal in Mäder, p. 74-75
Wohnhaus Burger in Bregenz, p. 76-77
Hotel Martinspark, p. 78-79
11/95
Kraftwerk im Bregenzerwald, p. 86-91
12/95
Die Siedlung, p. 62-63
Atelier des Malers Bösch in Hörbranz,
p. 82-83

Der Architekt (D)
8/95
Betonhaus in Hard, p. 481-483

Detail (D)
10/86 Nr. 5
Siedlung „Hohe Wies" in Hohenems,
p. 435-438
Wohnhaus in Altach, p. 439-442
12/95 Nr. 6
Wohnhaus in Hard

Domus (I)
10/95 Nr. 775
Lagertechnik Wolfurt, p. 38-43
4/96 Nr. 782
Holz Altenried, p. 32-37

Glas Architektur und Technik (D)
12/95
Lagertechnik Wolfurt, p. 20-25
3/96 Nr. 4
Gewerbliche Berufsschule Bregenz, p. 25-32

Haus und Wohnung (A)
95/96 Winterausgabe
Hotel Martinspark, p. 30-33

Hochparterre (CH)
8-9/89
Terrassensiedlung in Bregenz, p. 24-26
12/94
Lagertechnik Wolfurt, p. 40-41
10/95
Augentrost und Gaumenfreude
Hotel mit Beiboot – Hotel Martinspark,
p. 20-21

Konstruktiv (A)
12/93 Nr. 180
Projekt Lustenau – Bruggerwiesen, p. 11

Kupfer Kurier (D)
10/96
Hotel Architektur mit TECU-Patina

Leonardo (D)
11/95 Nr. 6
Hotel Martinspark, p. 70-72

Neues Wohnen (D)
5/96
Haus Rohrer, p. 88-91

NZZ FOLIO (CH)
8/96 Nr. 8
Holz Altenried, p. 7

re-print (A)
1/95
Lagertechnik Wolfurt, p. 48-49

Schöner Wohnen (D)
3/92 Heft 3
Terrassenbau Bregenz, p. 4-7

Sparen Planen Bauen (A)
4/81
Haus Hämmerle, p. 3-7

text (CH)
12/95
Dietmar Eberle im Gespräch

Vivienda nuevas ideas urbanas (E)
211/96
Lagertechnik Wolfurt, p. 6-15

Werk, Bauen + Wohnen (CH)
6/91
Siedlung in Bregenz 1990, p. 30-33
3/93
Wohnsiedlungen Hohenems 1986, Höchst
1979. Lustenau 1990, Bregenz 1990,
p. 32-37
9/95
Gewerbeschule in Bregenz, p. 49-52
11/95
Haus Häusler, Hard, p. 34-35

Werk und Zeit (D)
2/81
Siedlung Im Fang, Höchst p. 18-19

Wettbewerbe (A)
11-12/92 Heft 117/118
Architekturpreis 1992: Reithalle
Breitbrunn, p. 17-18
9-10/95 Heft 145/146
Hotel Martinspark, p. 158-161
Wohnanlage Negrellistraße in Lustenau,
p. 163-165
4-5/96 Heft 150
Bundesgymnasium Feldkirch, p. 170

Zement + Beton (A)
4/92
3. Architekturpreis der österreichischen
Zementindustrie
Reithalle Breitbrunn, p. 6-7
Kraftwerk Alberschwende, p. 10
2/96
Einfamilienhaus in Hard, p. 28-31

Zuhause (D)
9/83 Heft 9
Offenes Holzhaus im Quadrat gebaut
Helbock – Dornbirn, p. 144-146

Zuhause Wohnen (D)
37/96
Haus Begle, p. 20-22

Bücher und Kataloge
Books and Catalogues

Architektur in Vorarlberg seit 1960
Hrsg. Berufsvereinigung der bildenden
Künstler Vorarlbergs
Eugen Ruß Verlag, Bregenz/1993

Architektur Beispiele Eternit
Kulturgeschichte eines Baustoffes
Hrsg. Dietmar Steiner
Löcker Verlag, Wien/1994

Mythos der Einfachheit
Das Hotel Martinspark
Hrsg. Ingmar J. Alge, Richard Hinteregger
Verlag Gerd Hatje, Ostfilden-Ruit/1995

581 Architects in the World
Hrsg. Atsushi Sato
TOTO Shuppan, Tokio/1995

Die Stadt über die Stadt bauen
Städtebauliche Projekte
Hrsg. Europan Suisse
Verlag Werk AG, Zürich/1996

*Solar Energy in Architecture and Urban
Planning*
Hrsg. Thomas Herzog
Prestel Verlag, München/1996

Baumschlager-Eberle
Ausstellungskatalog
Hrsg. Kristin Feireiss
Galerie AEDES, Berlin/1996

Mitarbeiter/innen
Assistants

1985
    Gerd Runge
    DI Hans U. Grassmann
    Melitta Pircher
    DI Kurt Egger
    Monika Metzler
    Erich Deufel-Elhardt

1987
    Monika Stadelmann

1988
    Myriam König
    Walter Sulzbacher
    Mag. Robert Felber
    DI Eckehard Krischke
    Michael Ohneberg
    Dietmar Feistel

1989
    Rainer Huchler
    Ursula Konzett

1992
    Klaus Metzler
    Nicki Wohlwend
    Marlies Puff
    Ing. Christian Tabernigg
    Rainer Huchler
    Johann Obereder

1993
    DI Michael Ohneberg
    Ing.Christian Tabernigg
    Rainer Huchler
    Tobias Reichart
    Elmar Hasler
    Jesco Hutter
    Francesco Capello
    Robert Lenz
    Rene Bechter
    Hannes Kirchmayr
    Elmar Ludescher
    Kristina Mäser

1994
    Ing. Christian Tabernigg
    Rainer Huchler
    DI Michael Ohneberg
    DI Gerhard Zweier
    Melanie Frommelt
    Oliver Baldauf
    Johannes Stöffler
    Michaela Rützler
    Lucia Burger

1995
    Rainer Huchler
    Ing. Christian Tabernigg
    DI Michael Ohneberg
    DI Reinhard Drexel
    DI Gerhard Zweier
    Lucia Burger
    Elmar Hasler
    Karl Schmid
    Frank Brunhardt
    Oliver Baldauf
    Rene Bechter
    Christian Maier
    Marlies Puff
    Kristina Mäser
    Michaela Rützler
    Doris Kräutler

1996
    Ing. Christian Tabernigg
    Rainer Huchler
    DI Gerhard Zweier
    DI Rainhard Drexel
    DI Michael Ohneberg
    DI FH Marika Marte
    DI Iris Kellner
    Dipl.arch.ETH Andrea Krupski
    Lucia Burger
    Hannes Kirchmayr
    Kristina Mäser
    Bettina Hogge
    Doris Kräutler

Partner
Partners

D.I. Kurt Egger von 1982 bis 1984

D.I. Ulli Grassmann von 1990 bis 1992

Arbeitsgemeinschaften
D.I. Norbert Schweitzer
    GBS
    HTL
    Lustenau Sand
    Wettbewerb Gymnasium Feldkirch

Arch. Oswald Valdes
    Wettbewerb Exeter, USA
    Wettbewerb Fachhochschule
    Deggendorf

D.I. Peter Raab
    St. Pölten

D.I. Crispin Amrein
D.I. Gert Jäger
    Wettbewerb Balzers

Gebrüder Senn
    St. Gallen

Photos
Photography

Eduard Hueber
Gerhard Ullmann

Werkverzeichnis
Christof Lackner (1)
Margherita Spiluttini (1)